ゼロからスタート!

金城順之介の **改訂版**

中小企業診断士

1冊目の教科書

LEC専任講師 **金城順之介** 著

LEC東京リーガルマインド 監修

KADOKAWA

LECで大人気の
金城講師が合格へナビゲート！

診断士は
人生を変える
パワーと可能性
を秘めています

中小企業診断士・1級販売士

金城　順之介 （きんじょう・じゅんのすけ）

大手アミューズメントサービス企業にて店舗責任者
として長年営業に携わる。営業戦略立案、販売促進、
顧客管理、サービスマーケティングから人材教育・
管理まで幅広く手がけてきた経験を持つ。独立後は
マーケティングコンサルタントとして活動する傍ら、
LEC専任講師も務めている。

STEP 1　金城講師のここがすごい！

① 講師歴18年で2次試験対策の添削枚数1万枚超の実績！

講師歴18年で、合格に必須の2次試験
の論述対策添削枚数は優に1万枚を超
えています。また、常にLECトップクラ
スの講義満足度や受講生支持率を得
ており、抜群の人気講師です！

② 徹底した過去問分析力と熱く語りかけるスタイルで大人気

過去問に精通しており、1次試験、2次
試験でそれぞれ独自の過去問学習法を確
立。また、熱く語りかけ、受講者を巻き
込む講義スタイルで、飽きさせない講義
を展開。

受講者の声

- 語りかけるような講義スタイルで、記憶に残りやすい
- 各テーマの具体例が適切でイメージしやすく、わかりやすい
- 講義のテンポがよいため、知識がスイスイ入ってくる
- 大事なポイントを特に強調してくれ、優先度がつけやすい
- 過去問分析に基づいた講義内容に説得力があり、本試験でも余裕
  をもって臨みました

STEP 2　合格への**確実な一歩**が踏み出せる

中小企業診断士試験合格のためには、難関の2次試験を意識して1次試験対策の学習をスタートさせることが重要です。そのため、過去問を徹底的に分析し、内容を1次・2次試験に共通する基礎知識や2次試験に応用できる1次試験の科目に絞って構成しています。

本書で頻出項目を重点的にマスターすることで、合格に大きく近づくことができます。

STEP 3　**最短ルート**の学習法を示します

その1　豊富でわかりやすいケーススタディが満載！

企業戦略、経営分析は抽象的な概念が多く、文章だけでは理解しづらい面があります。本書では、実際に企業が採用した戦略や経営分析手法を紹介しており、誰でも直感的に理解することができます。また、試験の頻出項目をワンポイントで解説しており、合格のツボがわかります。

その2　10時間で読み切れる　見開き構成

中小企業診断士試験に必要な基礎知識を1冊に凝縮。1項目見開きで左にポイントを押さえたわかりやすい解説、右に理解しやすい図やイラスト満載でどんどん読み進められます。

中小企業診断士試験
合格を実現！
人気講師の合格メソッドを
誌面で再現

Map ひと目でわかる！ 本書の全体像

本書は全5章構成です。はじめに全体像を把握してから読み始めることで、知識の整理がしやすくなりますよ！

第1章

総論 ～戦略論

企業経営理論で学ぶ戦略論をベースとした、中小企業を診断する際の最重要知識

合格までの流れ

学習	1次試験 筆記8月	2次試験 筆記10月 口述1月	合格発表 1月末
年に1度の試験に向けて学習。試験合格までに700～1000時間	7科目を2日間で実施。合格率20%前後。科目免除制度あり	筆記4科目は合格率20%前後。口述試験の合格率は99%近い	実務補習・実務従事を経て登録へ

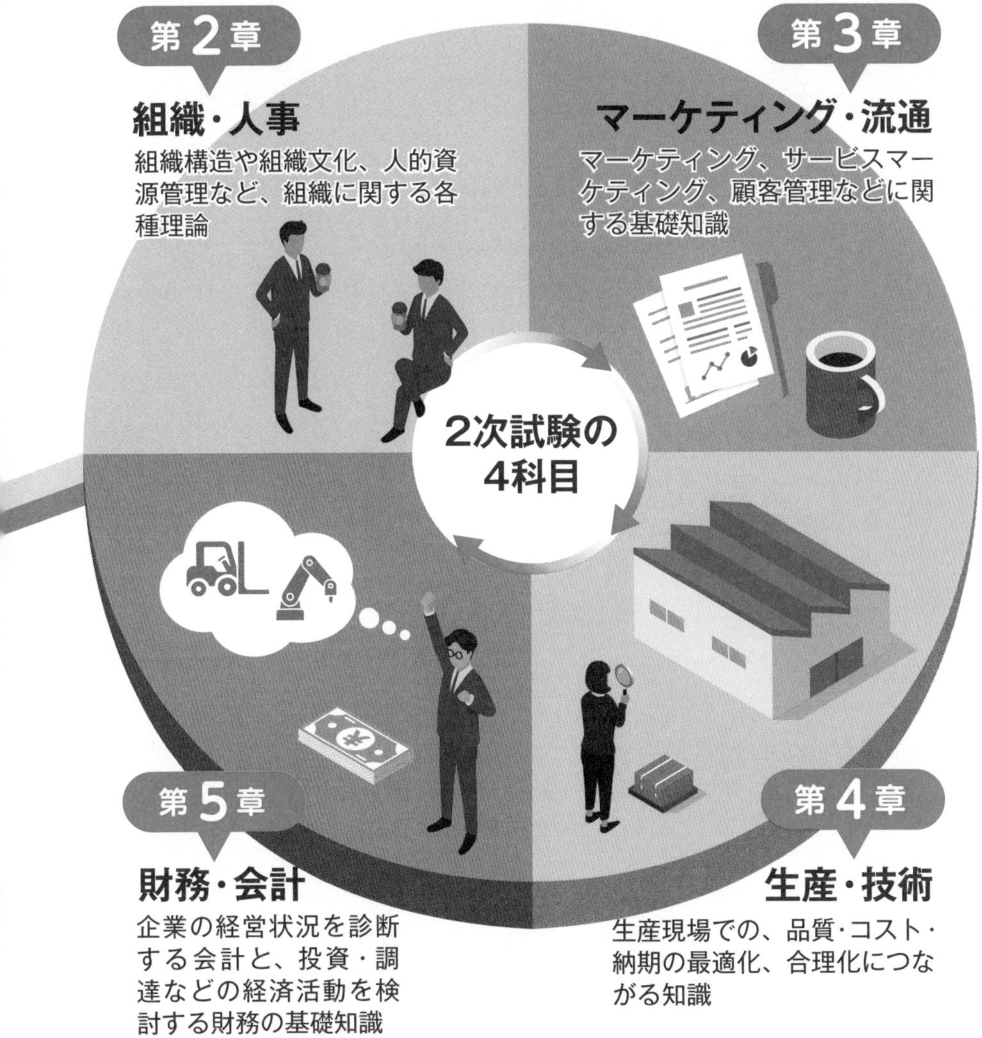

第2章

組織・人事

組織構造や組織文化、人的資源管理など、組織に関する各種理論

第3章

マーケティング・流通

マーケティング、サービスマーケティング、顧客管理などに関する基礎知識

2次試験の4科目

第5章

財務・会計

企業の経営状況を診断する会計と、投資・調達などの経済活動を検討する財務の基礎知識

第4章

生産・技術

生産現場での、品質・コスト・納期の最適化、合理化につながる知識

試験は、1次試験7科目、2次試験4科目と面接で構成されています。2次試験は1次試験の知識の応用が求められることになります。初学者に1冊で試験内容をわかりやすくお伝えするには、単に1次試験7科目の内容を羅列するのでは不十分だと考えました。

そこで、実際に中小企業を診断する際に活用できる知識を2次試験の科目体系とひもづけることで、「総論 〜戦略論」「組織・人事」「マーケティング・流通」「生産・技術」「財務・会計」の5つに再編しました。

中小企業診断士は「経営コンサルタントの国家資格」

「中小企業診断士は、中小企業しか診断できないんですか？」と聞かれることがあります。2021年現在、総務省の統計によれば日本の企業は368万社。そのうち、中小企業がどれくらいあるかご存じですか。

　なんと、実に99.7％が中小企業なのです。大企業は、わずか0.3％にすぎません。数から言えば、日本の企業のほぼすべてを診断できるというわけですね。ただ、実を言えば、企業規模の大小ではなく、「すべてのビジネスについて診断できるベースとなる知識がある」と国から認められた資格（国家資格）が中小企業診断士なのです。

　中小企業診断士と並んで、経営学を身につけるための選択肢として挙げられることが多いのがMBA（Master of Business Administration、経営学修士）です。ただ一口にMBAと言っても、ビジネススクールや大学院によって実践形式だったり理論重視だったり、またレベルもさまざまです。国内か国外かでも異なるでしょう。そのため、単純には比較できないというのが正直なところです。

　一方、中小企業診断士は試験科目や出題範囲、合格基準が定められており、「経営コンサルタントの国家資格」として社会的信用度が高いうえ、学習で得られる幅広く実践的な知識や思考法はコンサルティング業務に限らず、さまざまなビジネスの現場で役立ちます。

　本書では、中小企業診断士の資格取得に必要な学習内容を試験のテーマに沿って初学者でもわかりやすく学べるようにまとめてあります。限られた文字数ながらも、できるだけ読みやすいように心がけました。みなさんが本書で得た知識を十分に生かし、よりよい充実した人生を送る一助になれば幸いです。

LEC専任講師

中小企業診断士・1級販売士・経営コンサルタント　金城順之介

① 中小企業診断士試験の概要

　本書を読んで、もし中小企業診断士に対する興味が深まったなら、ぜひ試験にチャレンジしてみましょう。中小企業診断士試験に合格するには、次のように3つの試験をクリアする必要があります。

◆ 中小企業診断士の試験（例年）

①8月上旬	1次試験	マークシート・7科目
②10月中旬 または下旬	2次筆記試験	筆記（短答式・論文式）・4科目
③12月中旬	2次口述試験	面接・約10分間

　このうち、③の口述試験の合格率は毎年99%以上となっており、実質的には①1次試験、②2次筆記試験のクリアを目指すことになります。

　気になる合格率は、1次試験・2次筆記試験ともに20%前後で推移しています。単純計算で20%×20%＝4%と、非常に合格率が低く感じられるかもしれませんが、1次試験合格率の分母には記念受験者も含まれています。きちんと学習した人だけを分母に取れば、合格率はもっと上がるはずです。

　一方、2次筆記試験は、受験資格が「1次試験合格者」であり、こちらは5人に4人が落ちる厳しい試験です。実は私も1回落ちて2回目で合格したので、2次筆記試験の難しさは身に沁みて理解しています。その経験を踏まえた勉強法をのちほど伝授します。

　1次試験と2次筆記試験は、形式だけでなく中身も大きく異なり、まったく別ものの試験と言っていいほどです。したがって、9ページから紹介するように、それぞれに適切な学習が必要です。

　なお、2次口述試験は、筆記試験で出題された4科目の事例の中から3問程度、質問されます。体調不良により受験できなかった、何もしゃべれなかったなど、よほどのことがない限り、不合格になることはありません。

◎ 1次試験の概要

科目	試験日 (例年8月上旬の土日)	合格基準
①経済学・経済政策	1日目	全科目 100点満点配点。 合格基準は 合計6割以上かつ 1科目でも 40点未満がないこと。
②財務・会計		
③企業経営理論		
④運営管理		
⑤経営法務	2日目	
⑥経営情報システム		
⑦中小企業経営・中小企業政策		

◎ 2次筆記試験の概要

科目	試験日 (例年10月中旬または下旬の日曜日)	合格基準
A **組織・人事**を中心とした経営の戦略および管理に関する事例	1日で全科目。 事例企業の 経営診断を行い、 課題解決のための 助言を論述する。	全科目 100点満点配点。 合格基準は 合計6割以上かつ 1科目でも 40点未満がないこと。
B **マーケティング・流通**を中心とした経営の戦略および管理に関する事例		
C **生産・技術**を中心とした経営の戦略および管理に関する事例		
D **財務・会計**を中心とした経営の戦略および管理に関する事例		

② 中小企業診断士試験に受かる勉強法

合格のコツは最初に過去問をざっと眺めること

　中小企業診断士の試験勉強では、科目ごとの特性に合わせて学習方法を変えると効率的です。ところが、特に初学者がおちいりやすいミスとして、すべての科目で同じ勉強法をしてしまうケースが散見されます。理由は、本試験で何が問われるのか、科目の全体像が把握できていないからです。大事なのは、「敵を知り、己を知る」ことです。したがって、**一番初めにやるべきは、過去問をざっと眺めて雰囲気を感じること**。解けなくて当たり前で、用語の意味がわからなくてもよいのです。

　中小企業診断士の試験科目の特性は「暗記型」「積み重ね型」「応用型」に分かれます。

◎ 科目特性は3つに分けられる

暗記型科目	積み重ね型科目	応用型科目
運営管理 経営法務 経営情報システム 中小企業経営・ 中小企業政策	財務・会計 経済学・経済政策	企業経営理論

効率よく身につけよう！　科目別勉強法

❶暗記型科目　一人ひとり、性格が違うように、脳が受容しやすいインプットの仕方も異なります。見て覚える人、書いて覚える人、サブノートでまとめる人、単語カードを作る人など、暗記方法はさまざまです。要するに覚えればいいので、**早く自分に合った暗記法を見つけること**が重要です。

　もうひとつのポイントは、忘れにくくするしくみを作ることです。人間誰しも復習をしなければ、時の経過とともに忘れてしまうものです。そこで、

9

毎日勉強を始める**最初の 10 分間を前日勉強した内容の復習に当てる**のです。前日の内容を思い出すしくみを作れば、忘れにくくなります。少しの工夫ですが、長い目で見るとかなり大きな差となります。

❷積み重ね型科目　その名のとおり、地道な反復練習が欠かせない科目です。この科目は苦手部分を捨ててしまうとそれ以降の論点が解けなくなってしまいます。そのため、テキストや参考書の目次に沿って順序よくこなしていくことが大事です。「インプット→アウトプット」の反復によって積み上げていくイメージです。

　もし苦手な論点が出てきたら、**同じ問題を毎日繰り返すこと**が克服の近道です。よくあるのは、違う問題に手を広げて、ますますわからなくなるパターンです。数字や答えを覚えてしまってもいいのです。わかってから先に進まないと、結局は行き詰まることになります。

❸応用型科目　これは「企業経営理論」です。使うのは、過去問です。ただし、過去問を解くのはNGです。この科目の1次試験の出題形式は、右ページの図のように2パターンしかありません。すぐに解答を見て、適切な選択肢に○を、不適切な選択肢に×をつけます。答えを見ながら○×をつけるだけなので、勉強初日からすぐにできます。

　そして、**○がついた選択肢を繰り返し読み込みます**。理解ができたら、次は**×がついた選択肢を適切な選択肢にする**ためには、どこを修正すればいいのかを考えます。わからなければ、先に解説を読みましょう。最初は時間がかかりますが、少なくとも過去3～5年分やれば、十分に合格レベルの実力がつきます。何度も回転させることがポイントです。

　各科目によって選択肢の文章の書き方は特徴がありますが、特に企業経営理論はクセが強く一部難解な表現も見受けられます。そのため、できるだけ早く独特な文章表現に触れ、多くの選択肢に目を通すことが企業経営理論攻略のコツです。

◉ 出題形式は2パターンしかない

1. 最も適切なものを選択させる

第1問

ドメインの定義、および企業ドメインと事業ドメインの決定に関する記述として、<u>最も適切なもの</u>はどれか。

✕ 事業ドメインに関する企業内の関係者間での合意を「ドメイン・コンセンサス」と呼び、その形成には、トップマネジメントが周年記念の場などで、企業のあり方を簡潔に情報発信する必要がある。

✕ 多角化している企業では、企業ドメインの決定は、競争戦略として差別化の方針を提供し、日常のオペレーションに直接関連する。

⊙ 多角化せずに単一の事業を営む企業では、企業ドメインと事業ドメインは同義であり、全社戦略と競争戦略は一体化して策定できる。

✕ ドメインの定義における機能的定義は、エーベルの3次元の顧客層に相当する顧客ニーズと、それに対して自社の提供するサービス内容で定義する方法である。

✕ ドメインの定義における物理的定義は、エーベルの3次元の技術ではなく、物理的存在である製品によってドメインを定義する。

2. 最も不適切なものを選択させる

第5問

多数の競争相手が互いにしのぎを削る熾烈な競争を繰り広げている業界での、効果的な戦略対応に関する記述として、最も不適切なものはどれか。

㋐ これまでの内部留保を活用して、同業他社との合併を進めることで市場シェアを拡大し、規模の経済や経験効果を高めて、コスト優位性を生み出して収益の拡大を図る。

㋑ 差別化が難しい汎用品による乱戦状況を改善するべく、加工の水準をあげて顧客の信頼を得たり、顧客に利便性の高いサービスを付け加えたりして、自社製品の付加価値を高めて、根強いロイヤルティをもつ顧客層の拡大を図る。

✕ 多種多様な顧客ニーズに対応するべくあらゆる製品を提供して、大量生産によるコスト優位による競争優位を確立する。

㋓ 多数の企業が乱立する原因である多様な市場ニーズに対応するべく、製品の設計を見直して生産コストを大幅に切り下げて、標準品が買い得であることを理解してもらい、規模の経済を基に競争優位をつくり出す。

出典：平成28年度1次試験「企業経営理論」

勉強のコツ

① 解答を見ながら、適切な選択肢に ◯ を、不適切な選択肢に ✕ をつける
② ◯ の選択肢を何度も読み込み、理解する
③ ✕ の選択肢を適切な選択肢に修正するために、どこを修正するかを考える

▌2次試験攻略のコツは「解答プロセス」を完成させておくこと

　2次筆記試験の解答プロセスは、問題文を「読む」、設問を「考える」「計算する」、解答を「書く」という4つに要素分解できます。これらを1科目80分の中で行うためには、**自分なりの解答プロセスを確立させておくこと**が必要です。その場の対応で合格できるほど甘い試験ではありません。4科目それぞれに最適化した解き方・考え方・書き方を身につけることが重要です。

　2次試験の位置づけは、1次試験で学んだ知識の応用力をはかるものとされています。つまり、1次試験との関連性が高い科目の知識の使い方を習得

する必要があります。そのため、自分の言葉で説明できるレベルの知識や技術が欠かせません。考え方のベースとなる知識は、1次試験科目の「企業経営理論」「運営管理」「財務・会計」です。ただし、この全分野から出題されるのではなく、実は2次試験で使う知識はかなり限定できます。2〜3年分の過去問に目を通してみると、大まかなレベル感がつかめるはずです。

　1次試験の学習は「正解を覚える」型の学習がメインでしたが、2次試験では「どのように考えるのか」のプロセスが重視されます。例えば、事例Ⅰ（組織事例）であれば、与件文のどこに着目してどのように読めばいいのか、キーワードの処理をどのようにするのか、設問構造や要求をどう判断するのか、全体の一貫性をどのように取るのか……など、読み方・考え方の両面での最適化が求められます。そして、考えたことを的確に要求文字数内で表現するためには、解答の「型」を持っておくことが重要です。80分しかない試験時間で、ゼロから文章を考えていてはとても間に合いません。そこで、前もって事例ごとによく使う表現やキーフレーズなどを型として持っておくのです。そのうえで、「読む」「考える」「計算する」「書く」作業を80分以内で完了させるタイムマネジメントが必要です。

　実際に手を動かしてみるとわかりますが、80分でこれらの作業をすべて的確に終わらせるのは至難の業です。そのため、答練や模試を活用してタイムマネジメントの練習を繰り返し行うことも重要なポイントです。最初は80分で終えられなかった事例問題も、練習を積めば時間内に精度の高い解答作成を完成させられるようになるでしょう。

Contents 金城順之介の中小企業診断士 1冊目の教科書

第1章

総論　～戦略論

第2章

組織・人事

第3章

マーケティング・流通

第4章

生産・技術

第5章

財務・会計

DTP　株式会社フォレスト
本文デザイン　ISSHIKI
本文イラスト　寺崎愛

本書は原則として、2023 年 11 月時点での情報を基に原稿執筆・編集を行っています。
試験に関する最新情報は、試験実施機関のウェブサイト等でご確認ください。

第 **1** 章

総論
～戦略論

企業を診断する際の基礎となる
さまざまな経営理論の中でも、
特に重要な戦略論を学びます

01 4つの経営資源

事業を展開するために必要不可欠な
経営資源とは？

　会社を経営して事業を展開するために必要な資源は何でしょうか？　一般的に、①**人的資源（ヒト）**、②**物的資源（モノ）**、③**財務的資源（カネ）**、④**情報的資源（情報）**の４つに分類され、これらは**経営資源**と呼ばれます。

　たとえどんなに魅力的な市場があったとしても、事業を展開するための経営資源を持っていなければ、その市場でビジネスはできません。経営者は、自社が有する経営資源を把握し、不足する経営資源を獲得・蓄積、配分・運用することによって初めて、事業を展開できるのです。また、経営資源の質と量によって、展開できる事業内容や規模などが変わるので、経営資源が企業の競争力を規定する要因と考えることができます。

経営資源の特徴

　経営資源には、誰でも活用できるものと、その資源を蓄積した企業だけにしか活用できないものがあります。

❶ヒト資源：経営者や従業員、管理職や熟練技術者などさまざまな人材を指します。人材が持つ能力の観点から、単純な労働力はどの企業でも使えますが、特殊な技術やスキルは特定企業のみで活用できる人材となります。

❷モノ資源：土地や建物、工場や機械装置などです。企業はこれらを活用して価値を生み出す経済活動をするわけです。

❸カネ資源：手元にある現預金や有価証券などをイメージすればわかるように、どの企業でも使える資源です。そのため、カネ資源を持っているだけでは差別化要素になりません。

❹情報資源：知識や経験、ノウハウのほかに、企業文化や風土、製品ブランドなども含まれる広い概念です。蓄積するのに非常に時間がかかるものであり、差別化するために不可欠な要素です。

4つの経営資源

ヒト資源

経営者や従業員、管理職
や熟練技術者など

モノ資源

土地や建物、工場や機械
装置など

カネ資源

現預金や有価証券など。
これだけでは差別化要素
にはならない

情報資源

知識や経験、ノウハウの
ほかに、企業文化や風
土、製品ブランドなど

企業はこれらの経営資源を使って、
新しい価値を生み出します。
その組み合わせ方や活用の仕方によって
企業の業績が変わってきます

ワンポイント

さまざまな経営資源

経営資源には、ここで挙げた4つだけではなく、「時間」を資源とと
らえて5つの経営資源と見る場合もあります。ほかにも、「戦略、
組織構造、制度システム、価値観、人材、スキル、スタイル」に細
分化して分析する手法もあります（→「マッキンゼーの7S」56ペー
ジ参照）。

02 戦略フロー

経営理念・ビジョンと
一貫性ある戦略を立てることが重要

　もしあなたが、仕事で何らかの戦略を立てることを任されたとしたら、最初に確認するべき要素は何だと思いますか。

　実は、**戦略を立てるときに意識しておきたい流れ**があります。これを**戦略フロー**と呼びます。中小企業診断士は、経営者から相談を受けて企業の戦略についてアドバイスを行うことが多いのですが、その際も戦略フローに基づいて考えるのが一般的です。

　戦略フローの考え方では、まず「経営理念」「経営ビジョン」に着目します。創業者は、必ず何らかの「想い」を持って企業を立ち上げているものです。そこで、経営者が創業者である場合は、立ち上げたときの想いや企業の将来像についてヒアリングを行うことが多くなります。一方、経営者が2代目以降の場合は、会社で大切にしている理念や代々伝わるこだわりなどについて聞き、やはり「想い」の部分を掘り下げていきます。

「戦略」は理念・ビジョンを実現させるための方策

　経営者が大切にしている理念・ビジョンが明らかになったら、それを実現するために**現状把握**を行います。そのための道具が**SWOT分析**（24ページ）です。SWOT分析で企業を取り巻く状況を把握したら、次に**戦略ドメイン**（28ページ）を策定します。戦略ドメインは、**企業の進むべき方向を示すコンパス**のようなもの。それに沿って具体的に「組織戦略」「マーケティング戦略」「生産戦略」「財務戦略」「情報戦略」など、**個別の戦略へ落とし込みます。**

　個々の戦略の緻密さはもちろん大事ですが、一番重要なのは個別の戦略すべてが「理念・ビジョン」を実現するための手段となり、**戦略一貫性**があることです。思い込みで戦略を立案するのではなく、まずは企業の理念・ビジョンに立ち返ることが秘訣です。

◎ 戦略フローの考え方

理念・ビジョンは一番重要な
経営者の「想い」。
企業が大切にすべき
最上位概念と言えます

◎ 戦略フローの具体的な手順

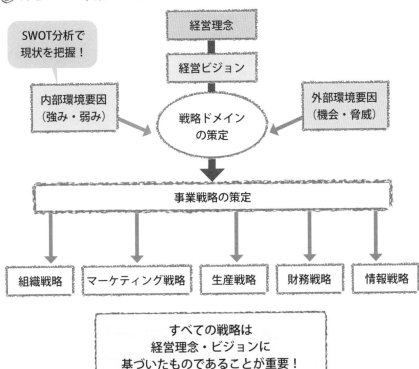

03 SWOT分析

企業の今の健康状態を
具体的に把握しよう

　中小企業診断士が企業を診断するときに、最初に必ず行うのがSWOT分析です。SWOT分析とは、S（強み：Strength）、W（弱み：Weakness）、O（機会：Opportunity）、T（脅威：Threat)の4つの要素について、**企業の内部環境と外部環境を把握するためのフレームワーク**です。

　たとえば、具合が悪くてお医者さんに診察してもらうときのことをイメージしてみてください。「熱はありますか」「のどの痛みはありますか」など問診されますね。実は、これもある種のSWOT分析（この場合は「弱み」の分析）をしていることになります。お医者さんは問診で患者さんの問題点を明らかにし、その問題点に対応する治療を行うわけです。

　中小企業診断士もまったく同じで、**SWOT分析をもとに今後の企業戦略について検討していく**ことになります。まさに、中小企業診断士は「企業の専門医」とでもいうべき存在ですね。

強みは生かす！　弱みは改善する！

　4つの要素に分類できたら、次に**それぞれの要素を掛け合わせて戦略を考えます**（クロスSWOT分析）。具体的なパターンには、①強み×機会 ⇒ 強みを生かしてチャンスをつかむ、②弱み×機会 ⇒ 弱みでチャンスを逃さないように対策を練る、③強み×脅威 ⇒ 強みで脅威を回避する、④弱み×脅威 ⇒ 最悪の事態にならないようにする、などがあります。

　企業にはさまざまな**経営資源**（ヒト・モノ・カネ・情報等）がありますが、その中でも特に他社がマネしにくい独特の強みがあれば、戦略はより強固なものになります。この企業独特の強みの要素のことを**コアコンピタンス**といいます。コアコンピタンスを生かしてチャンスをつかめれば、他社はなかなか追随できないので、競争上、優位に立つことができます。

◎ SWOT 分析

	プラスの要素	マイナスの要素
内部環境	強み **S** Strength	弱み **W** Weakness
外部環境	機会 **O** Opportunity	脅威 **T** Threat

SWOT分析で、企業の内部と
外部の環境を把握したら、
クロスSWOT分析
で戦略を考えていこう！

◎ クロス SWOT 分析

その企業ならではの独特の
強み（コアコンピタンス）
を生かしてチャンスをつか
めれば、優位に立てる！

	機会 **O**	脅威 **T**
強み **S**	**強み×機会** 強みを生かして チャンスをつかむ	**強み×脅威** 強みを生かして 脅威を回避する
弱み **W**	**弱み×機会** 弱みでチャンスを 逃さないようにする	**弱み×脅威** 最悪の事態に ならないようにする

コアコンピタンス

長期的な競争優位性構築に不可欠な
組織的能力

　SWOT分析（24ページ）でみたように、企業独特の強みの要素を**コアコンピタンス**といいます。コアコンピタンスは、その企業に固有のスキルや技術・ノウハウの集合体であり、模倣しにくく取り替えることができないものです。そのため、**競合他社には提供できない価値や利益を顧客にもたらすことができるので、長期的な競争優位性の源泉**になります。

　また、コアコンピタンスは単に特定の製品や特定の技術のみを指すのではなく、それらの製品や技術を生み出すための組織体制や組織文化、組織の学習能力や事業展開力などのすべてを含んだ概念です。企業活動を通じて蓄積されたノウハウや企業独自に形成された組織風土、社風などは長時間かけて熟成されたものであり、即座に模倣することはできません。

　なお、仮に企業が短期的な成功を収めることができたとしても、コアコンピタンスを明確にできなかった場合、長期的な競争優位性を維持することは難しいといわれています。

コアコンピタンス構築のためには

　では、コアコンピタンスを明確にするにはどうすればよいのでしょうか。そのためには、まず現時点における自社と競合他社の違いに着目して、**顧客に対してどのような価値を提供できているか**を明確にします。次に、**より高度な付加価値を提供するために、顧客に対して何ができるのか、どのような付加価値をつけていくのかを定義**します。そのうえで、**付加価値提供に必要な自社のスキルや技術を今後どのように育成・強化していくのか**を決定します。短期的な視点ではなく、中長期的な戦略展開と合わせて考えていくことが重要です。その結果、競合他社が模倣できない経営資源をいち早く獲得したり、事業展開を生み出したりすることが可能になります。

◎ コアコンピタンスの構築

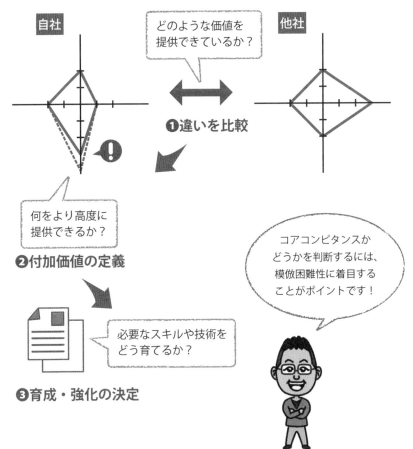

自社　　どのような価値を提供できているか？　　他社

❶違いを比較

何をより高度に提供できるか？

❷付加価値の定義

必要なスキルや技術をどう育てるか？

❸育成・強化の決定

コアコンピタンスかどうかを判断するには、模倣困難性に着目することがポイントです！

ワンポイント

模倣困難性を高める4つの要素

①企業独自の歴史的な経験による「経路依存性」、②どうすれば強みを真似できるのかわからない「因果関係不明性」、③強みが社内外の多数の要因で形成されておりコントロールできない「社会的複雑性」、④法律的に保護される「特許」があります。

05 戦略ドメインの2つの定義

「誰に・何を・どのように提供するのか?」
という3つの視点で考える

　英語で**ドメイン（domain）**とは、「**範囲・領域**」などを表します。ドメインというと、インターネット上でコンピュータやネットワークを識別する住所のようなものとイメージされる方も多いでしょう。企業における**戦略ドメイン**とは、**企業の生存領域、事業領域**などを表します。中小企業診断士が企業の戦略ドメインを考える際には、「誰に」「何を」「どのように」の3つの切り口でまとめることが多いです。要するに、ターゲット顧客を定め、その**顧客にどのような製品・サービスを、どのように提供して収益を上げていく**のかをデザインすることが、戦略ドメインを規定することと言えます。

戦略ドメインを決めるコツは「広すぎず狭すぎず」

　戦略ドメインとは、いわば**企業が収益を上げるための土俵**です。土俵が大きくなればなるほど、それだけたくさんの「ヒト・モノ・カネ・情報」などの経営資源が必要になります。当然、ライバルも大勢土俵に乗ってきますので、競争も激しくなるでしょう。逆に、土俵が小さすぎる場合はどうでしょうか。確かに競争はゆるやかになるでしょうが、ターゲット顧客が十分に存在しなかったり、一部のニーズにしか応えられなくなったりして、収益事業として成立しない可能性が高まります。

　このように、戦略ドメインの範囲は広すぎても狭すぎても不適切で、企業の経営資源や理念・ビジョンにマッチした適切な広がりを持たせることが重要になります。

　ドメインの定義には**物理的定義**と**機能的定義**があります。企業が提供する価値を「モノ」の視点で捉え、製品やサービスにこだわる物理的定義は硬直的になりやすいため、「コト」の視点で捉えて「**顧客ニーズをどのように満たすか**」を考える機能的定義で、将来の発展性を探ることがポイントです。

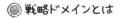
◎ 戦略ドメインとは

何を
（製品・サービス）

誰に
（ターゲット顧客）

どのように
（提供方法・
ビジネスモデル）

この3つを意識して
経営戦略の骨組みをつくる！

◎ 戦略ドメインの2つの定義

ドメインの物理的定義	ドメインの機能的定義
かつてのアメリカの鉄道会社 「鉄道」（モノ）と定義	ドメインの再定義 「輸送サービス事業」（コト）
「輸送」という機能軸を定義しなかった ため、トラック輸送や飛行機との 競争に敗れた	鉄道以外の他の輸送手段も 視野に入れながら戦略展開が できるようになった

戦略ドメインを「輸送サービス事業」
という「コト」にした結果、事業領域が
広がり、チャンスが拡大したんだね！

アンゾフの成長ベクトル

企業の成長の方向性を考え、
的確な戦略を策定するツール

「成長したい」と思ったことはありますか。人間の成長について考える場合、身体面、精神面、学力面などさまざまな要素が考えられますね。そして、成長させたい要素に応じて訓練を受けたり経験を積んだりする必要があります。これは企業の場合も同様です。企業の成長にもさまざまな要素があり、何をするべきか、経営判断を下さなくてはなりません。迷ってチャンスを逃しては、経営者失格となってしまいます。

　そこで、アメリカの経営学者アンゾフが考え出した道具が**成長ベクトル**（製品・市場マトリックス）です。「**製品**」と「**市場**」という**2軸でシンプルに分類し、企業の成長の方向性を見出す**ことができます。

4つの成長方向性について

　アンゾフの成長ベクトルでは、製品と市場という2軸を、さらに新規と既存に分け、それぞれの要素を掛け合わせて、次の4つの戦略を導き出すことができます。

❶**市場浸透戦略**：既存の顧客に対して、既存の製品をもっと買ってもらうための方法を考えます。たとえば広告宣伝の活用やセット価格導入など、**マーケティング的な手法を活用**することが考えられます。

❷**新製品開発戦略**：既存の顧客に対して、新たな製品を投入する戦略です。既存顧客との関係性が深まることになります。

❸**新市場開拓戦略**：新規の顧客に既存の製品を購入してもらう方法を考えます。たとえば、業務用洗剤を家庭用として販売するなどです。

❹**多角化戦略**：新規の顧客に新規の製品を投入していくため、**非常にリスクは高いですが、リターンも大きくなります**。多角化戦略には、さらに関連型や垂直型、非関連型など多様なバリエーションがあります。

◉ アンゾフの成長ベクトル

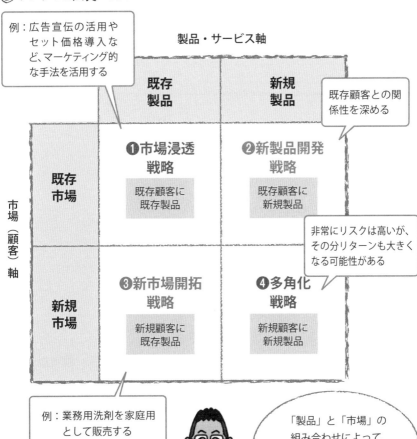

例：広告宣伝の活用や
セット価格導入な
ど、マーケティング的
な手法を活用する

製品・サービス軸

	既存製品	新規製品
既存市場	❶市場浸透戦略 既存顧客に既存製品	❷新製品開発戦略 既存顧客に新規製品
新規市場	❸新市場開拓戦略 新規顧客に既存製品	❹多角化戦略 新規顧客に新規製品

市場（顧客）軸

既存顧客との関
係性を深める

非常にリスクは高いが、
その分リターンも大きく
なる可能性がある

例：業務用洗剤を家庭用
として販売する

「製品」と「市場」の
組み合わせによって、
企業の成長方向性を見出すこと
ができるんだ！

📖✏️ **ワンポイント**

多角化戦略の重要ポイント、4つのシナジー

多角化戦略はリスクが高いので、少しでも既存のビジネスとの「シナジー」（相乗効果）が発揮できる分野を選択することが一般的です。シナジーには、生産設備の共有など生産活動による①生産シナジー、流通チャネルの共有など販売活動による②販売シナジー、③投資シナジー、④マネジメントシナジーなどがあります。

有効な競争戦略を立てるために
５つの要因を押さえておこう

　経営戦略を考える際にはライバル企業、いわゆる同業他社の動きを意識しなくてはなりません。では、意識するのは同業他社だけでよいのでしょうか。

　たとえば、あなたがこれから弁当店を開業する場合を想像してみてください。まず、同業者の「弁当店」がライバルとして意識されるでしょう。それ以外に、コンビニエンスストアや飲食店なども考えられますね。では、ほかの要素については、どのように考えればよいでしょうか。

　このように、ある業界の競争構造を分析するときには、経営学者ポーターによる**ファイブフォース・モデル**が役に立ちます。

押さえておきたい５つの競争要因

　ポーターは競争が生じる要素を、❶既存業者間の敵対関係、❷新規参入の脅威、❸代替品の脅威、❹売り手の交渉力、❺買い手の交渉力の５つに分けました。弁当店の例では、①が他の弁当店、③がコンビニなどにあたります。

　②は、その業界の参入障壁が関係します。つまり新規参入しやすい業界であれば、常に競争が激しくなる業界構造だということです。業界内部としては、できるだけ参入障壁を高めるか、差別化を図る対策が必要になります。

　④と⑤は、取引の観点から見た要因です。④は弁当の材料を提供してくれる業者です。もし食材や弁当容器などを卸してくれなかったら、商売になりません。そこで、安定した調達のための交渉や複数の仕入れルート確保などの対策が必要になります。

　⑤は顧客です。特に、法人などの大口顧客をイメージしてみてください。「まとめて100個買うから、安くして／決まった時間に届けて」といった要求をされることもあるでしょう。それらは収益性を下げる要因になります。

　このように業界内だけでなく、その外にも視野を広げる必要があるのです。

◎ ファイブフォース・モデル

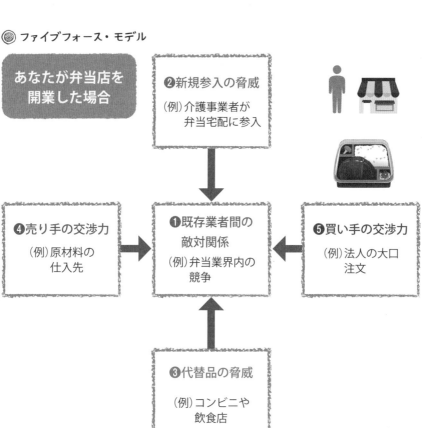

あなたが弁当店を
開業した場合

❷新規参入の脅威

（例）介護事業者が
弁当宅配に参入

❹売り手の交渉力

（例）原材料の
仕入先

❶既存業者間の
敵対関係

（例）弁当業界内の
競争

❺買い手の交渉力

（例）法人の大口
注文

❸代替品の脅威

（例）コンビニや
飲食店

ライバルは同じ
業界だけではなく、
多面的にとらえる必要が
あるんだね！

📖✍ ワンポイント

ファイブフォース・モデルは試験でこう問われる

２次試験で同モデルが問われたときは、物語形式でした。せんべい店B社のマーケティング事例で、設問は「B社にとっての潜在的参入者の具体例を２つあげよ」というもの。このように、フレームワークを事例に適用して考える問題が２次試験の特徴です。知識を使えるように、しっかりと理解しておきましょう。

バリューチェーン

自社の利益を生み出すプロセスに着目！
強みと弱みを把握して戦略の精度を高める

　ポーターは、企業の内部環境を分析する方法として**バリューチェーン（価値連鎖）**という概念を考えました。企業が利益（マージン）を生み出すためには、**キャッシュ獲得につながる「主活動」**と、その**主活動が円滑に行われるようにサポートする「支援活動」**が必要だとされています。

　メーカーの例で見ると、主活動は「購買物流」「製造」「出荷物流」「販売・マーケティング」「サービス」の5つです。これらの活動が売上・利益に直結してきます。一方、支援活動は「全般管理」「人事・労務管理」「技術開発」「調達活動」の4つです。これらの活動は直接、売上・利益を生み出しませんが、企業経営にとっては不可欠の要素です。

「どこが強み・弱みなのか」を明確にする

　企業活動をバリューチェーンの各要素に分類したら、**どの要素が利益を生み出しているか、利益を下げる要因になっているか**を分析します。利益を下げている要素があれば改善するか、外部企業にアウトソーシングするのも1つの戦略です。たとえば「購買物流」「出荷物流」の段階で、自社でトラックを保有して運転手を雇っていたとします。トラックの燃料費や運転手の人件費はすべてコストです。もし、そのコストが業績に対して大きくなっているのであれば、物流は外部企業に任せたほうがコスト面で有利になるかもしれません。そこで、アウトソーシングを検討することになります。

　また、製品を低価格で大量販売する戦略なら、バリューチェーンのどこでコストダウンするかを検討します。逆に製品を高付加価値化して高く販売する戦略なら、高付加価値化するためにどこにコストをかけるかを検討します。

　このようにバリューチェーンという概念を使うと、**利益を生み出すプロセスに着目して強みや弱みを具体的に判断し、戦略の精度を高められる**のです。

◎ バリューチェーン ──一般的なメーカー（製造業）の場合

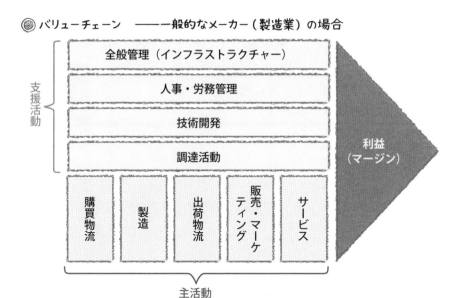

◎ バリューチェーンでコスト削減・利益アップを実現する

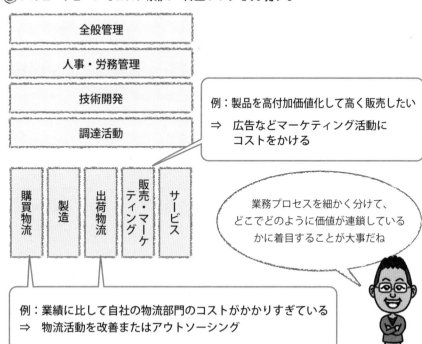

09 製品ライフサイクル(PLC)

製品のライフサイクルに合わせて
適切な戦略を考えよう

　人間はみな、生まれて成長し、さまざまな経験を積んで成熟し、やがて老いていきます。これと同じように、製品やサービスが生まれてからの変遷を人間の一生になぞらえたものが**製品ライフサイクル**（PLC：Product Life Cycle）です。PLC は製品やサービスがたどる段階を①**導入期**、②**成長期**、③**成熟期**、④**衰退期**の４つに分類することで、それぞれの時期に応じた適切な戦略を考えます。

4つの戦略の特徴を押さえよう

❶**導入期**：製品やサービスが世の中に生み出されたばかりのため、その存在自体が顧客に知られておらず、売上が伸びていない段階です。企業は、**製品やサービスの認知度を高めるために、プロモーションに力を入れる戦略**をとります。そのため、大半の製品やサービスが赤字状態となります。

❷**成長期**：製品やサービスの売上が急激に伸びる段階です。市場の成長率が高いため、**競合企業も市場に参入**してきます。企業は競合とのシェア争いや**差別化・ブランド化**などの競争に勝つための戦略をとります。そのため、売上の伸びのわりに利益はあまり伸びません。

❸**成熟期**：**売上の伸びが止まった段階**です。市場成長率が鈍化するため、市場シェアや業界順位がほぼ決まり、市場から撤退する企業も出てきます。新規需要が見込めないため、企業は買い替え需要の喚起やリマインド広告などにより、売上を維持・向上するための戦略をとります。そのため、成長期に比べてコストはかからず、利益が最大化します。

❹**衰退期**：売上が減少し、市場規模が縮小していく段階です。多くの企業が市場から撤退していきます。企業は、撤退をにらんで収穫戦略に出るか、残存者利益を狙って市場シェア維持を図る戦略をとります。

◎ 一般的な製品ライフサイクル

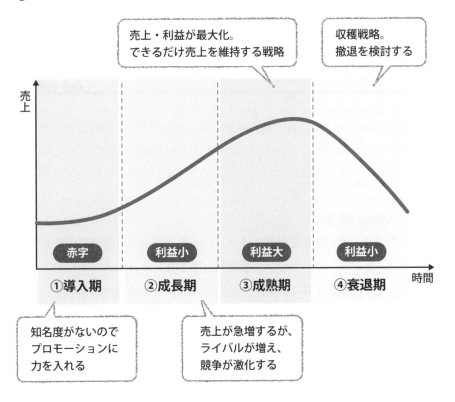

売上・利益が最大化。
できるだけ売上を維持する戦略

収穫戦略。
撤退を検討する

売上

赤字　利益小　利益大　利益小

①導入期　②成長期　③成熟期　④衰退期

時間

知名度がないので
プロモーションに
力を入れる

売上が急増するが、
ライバルが増え、
競争が激化する

ワンポイント

製品ライフサイクルを操作する2つの方法

製品が成熟期を迎えると、企業はマーケティング戦略の見直しや改良によって製品寿命の延命化を図ります。これを「プロダクトエクステンション」といいます。逆に意図的に製品ライフサイクルを短縮化させることを「計画的陳腐化」といいます。消費者の買い替え需要を刺激する目的で、ファッション業界でよく見られます。

10 規模の経済・経験曲線効果・範囲の経済

大量生産や経験量でコストダウンし、
経営資源の有効活用で利益をアップさせる

「まとめ買いがお得」。こんな宣伝を見たことはありませんか。たとえばペットボトルのお茶を１本だけ買う場合、大抵150円前後ですが、１ケース（24本）まとめ買いすると2,000円（１本85円）ほどだったりします。１本あたりで比べると、まとめて買ったほうが大幅に安くなっています。これに似た概念が**規模の経済**です。

規模の経済とは、**生産量が増えるほど、製品１個あたりのコストが安くなる現象**のことです。コストには、**変動費**と**固定費**があります。変動費は、その名のとおり**生産量が増えればそれに伴って増えるコスト**です。具体的には材料費などですね。一方、固定費は**生産量にかかわらず必ず発生するコスト**です。具体的には、家賃や正社員の人件費などです。

わかりやすくするために、ある製品をつくる場合を想定してみましょう。その工場の人件費は、１日10,000円かかるとします。１日で製品を１個つくった場合、その製品１個にかかった人件費は10,000円です。では、10個つくった場合はどうでしょうか。１個あたりの人件費は10,000 ÷ 10 ＝ 1,000円になります。さらに、100個の場合はどうでしょうか。１個あたりの人件費は100円ですね。

このように、たくさんつくることによって、１個あたりの固定費が安くなることがわかります。つまり、**大量生産で固定費を賄っている**と言えます。

「規模の経済」と「経験曲線効果」の違いを押さえよう

規模の経済と似た概念に**経験曲線効果**があります。ボストンコンサルティンググループ（世界的な経営コンサルティングファーム）が提唱したもので、**累積生産量**（経験量）に着目している点が特徴です。一般的に、**累積生産量が２倍になれば、単位あたりの生産コストが20 〜 30%減少する**といわれ

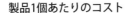

◎ 規模の経済

製品1個あたりのコスト

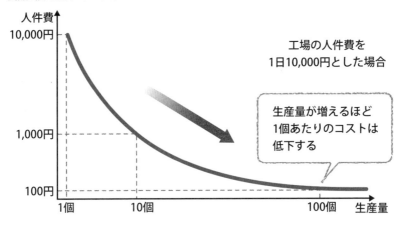

人件費

10,000円

1,000円

100円

1個　　　10個　　　　　　　　　　100個　　生産量

工場の人件費を
1日10,000円とした場合

生産量が増えるほど
1個あたりのコストは
低下する

◎ 経験曲線効果

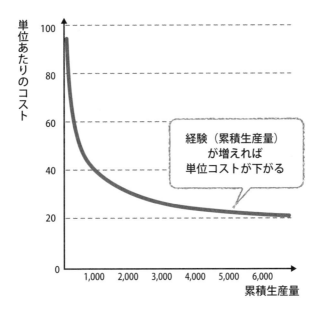

単位あたりのコスト

100

80

60

40

20

0

経験（累積生産量）
が増えれば
単位コストが下がる

1,000　2,000　3,000　4,000　5,000　6,000

累積生産量

ています。また、生産だけでなく、販売やマーケティングなどの活動においても同様にコストが減少することが確認されています。

　たとえば、千羽鶴を折る場合をイメージしてみましょう。最初は1個折るのに時間がかかったり、失敗して折り紙をムダにしてしまったりと、コストがかかります。しかし、100個、200個と折り進めるうちに、どんどんスピードも速くなり、失敗もなくなっていくでしょう。このように、鶴を折る経験を積めば積むほど、1個あたりのコストが下がっていくわけです。「継続は力なり」とは、まさに経験曲線効果のことだと言えるでしょう。

「範囲の経済」は経営資源の有効活用

　範囲の経済とは、2つ以上の事業を行う場合、別々に行うよりもまとめて行ったほうがコストを削減できるという概念です。**相乗効果（シナジー）**といわれることもあります。

　たとえば、ビールだけを売る店と、焼き鳥だけを売る店があったとすると、それぞれお店の家賃や従業員の人件費、仕入れが発生します。仮に、店を1つにしてビールと焼き鳥を一緒に売った場合、どうなるでしょうか。ビールだけを買いに来たお客さんが、焼き鳥のいいにおいに誘われて、何本か購入するかもしれません。逆に、焼き鳥だけを買いに来たお客さんがキンキンに冷えたビールを見て、ついでに買っていくこともあるでしょう。

　このように相乗効果が発揮されて、別々に事業をしていたときよりも収益が増えることが想定できます。また、コスト面で見れば、家賃も人件費も1店舗分でよいので、削減した分だけ利益が増えると考えられます。

　もちろん、複数の事業なら何でもいいわけではありません。**経営資源（ヒト・モノ・カネ・情報等）を事業間で相互利用できる**こと、事業間にある程度の関連性があることなどの条件が満たされた場合のほうが効果が発揮されやすくなります。

　実際に、大企業が多角化してさまざまな事業を行っているのは、範囲の経済の効果を発揮して収益を拡大させるためと言えるでしょう。もちろん、中小企業においても範囲の経済を意識した事業展開をすることが有効です。

◎ 範囲の経済

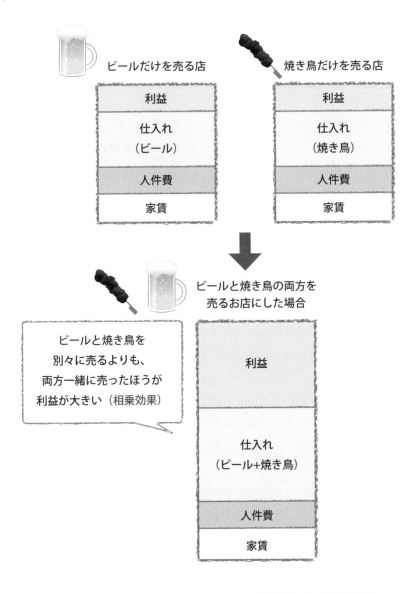

ビールだけを売る店

| 利益 |
| 仕入れ（ビール） |
| 人件費 |
| 家賃 |

焼き鳥だけを売る店

| 利益 |
| 仕入れ（焼き鳥） |
| 人件費 |
| 家賃 |

ビールと焼き鳥の両方を
売るお店にした場合

ビールと焼き鳥を
別々に売るよりも、
両方一緒に売ったほうが
利益が大きい（相乗効果）

| 利益 |
| 仕入れ（ビール+焼き鳥） |
| 人件費 |
| 家賃 |

相乗効果で収益アップ！　コスト削減！

PPM（プロダクト・ポートフォリオ・マネジメント）

限りある経営資源を効果的に
各事業に配分するマネジメント手法

　企業の経営資源（ヒト・モノ・カネ・情報等）には限りがあります。特に複数の事業を行っている企業にとって、**限られた経営資源をどの事業に配分するのか**は悩ましいところです。そこで、ボストンコンサルティンググループが考案したのが、PPM（Product Portfolio Management：プロダクト・ポートフォリオ・マネジメント）」です。

　PPMでは、「市場成長率」「相対的シェア」の2軸で、企業が展開している事業を①問題児、②花形、③金のなる木、④負け犬の4つに分類します。

❶問題児

　成長が見込めるものの、シェアが低い事業です。将来有望な事業もここに含まれます。シェアを高めて花形にすることを狙うため、企業が積極的に投資を行う事業です。

❷花形

　成長率とシェアが高い事業です。売上が大きく有望ですが、成長率が高い事業のため競合企業も多く、競争に打ち勝つために企業は広告費など多額のコストを必要とします。そのため、利益はあまり獲得できません。

❸金のなる木

　高いシェアを確保しているため売上は高い一方、**成長率は鈍化**して競争がゆるやかになるため、コストが相対的に低くなり、多額の利益を獲得できる事業です。ここで得た資金を問題児や花形に投資し、将来の金のなる木へ成長させる戦略をとります。

❹負け犬

　成長率もシェアも低いため、早期に撤退を検討すべき事業です。新たな投資はせず、在庫処分などでできるかぎり回収を図る収穫戦略をとります。

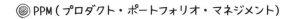

◉ PPM (プロダクト・ポートフォリオ・マネジメント)

事業の成長 ➡

カネの動き ➡

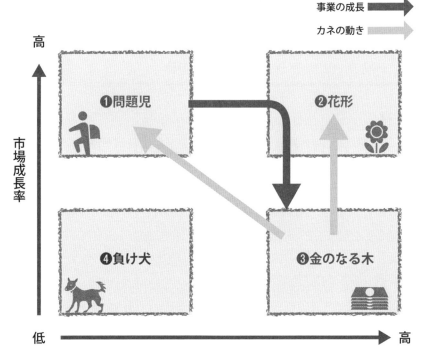

高

市場成長率

低

❶問題児

❷花形

❹負け犬

❸金のなる木

低　　　　　　　　　　　　　高

相対的シェア

事業は
①問題児→②花形→③金のなる木
の順で成長します。
また、金のなる木で得た資金を
①や②に投資し、将来の③に育てます

ワンポイント

PPMの限界も知っておこう

シンプルでわかりやすいPPMですが、すべてのビジネスが成長率とシェアという単純な2軸で測れるわけではありません。将来の予想にも使えないので、あくまで現時点の事業分類方法の1つと捉えるのが適切でしょう。とはいえ、1次試験ではよく出題されています。

右側タブ:
1 総論〜戦略論
2 組織・人事
3 マーケティング・流通
4 生産・技術
5 財務・会計

12 外部委託を活用するOEM

**開発や販売は自社で行うが、
製造は他社にアウトソーシングする**

OEM（Original Equipment Manufacturing/-er）とは、**他社から依頼を受けて、他社ブランド製品を製造する**こと、または**製造を請け負うメーカー**のことをいいます。依頼する側が企画や設計を行い、生産を OEM に委託する流れです。

具体例をいくつか挙げると、軽自動車は OEM が多いことで有名です。トヨタはダイハツから、マツダはスズキから OEM 供給を受けています。

また、スマートフォンで人気の Apple 社製品ですが、これも多くが台湾のメーカーから OEM 供給を受けています。

コンビニエンスストアのお弁当や惣菜なども、他社から OEM 供給を受けています。このように、気づいていないだけで、私たちの周りには実は OEM 供給されている製品がたくさんあふれています。コンビニの惣菜など、機会があれば製造業者の名前をチェックしてみるといいかもしれませんね。

OEM と外部委託販売

非常に高い技術力や信用を持っているものの、消費者には知名度が低く自社ブランド製品が伸び悩んでいる企業があるとします。一方、ある程度の知名度があるブランドを持っているものの、生産能力が不足しているため製品ラインの拡張ができない企業があるとしましょう。このような場合、前者が生産面を請け負い（OEM 受託）、販売は後者に委託（販売）することによって、販路開拓やブランド展開にかかる費用を低減させることができたり、生産量拡大による規模の経済を実現できたりします。このように双方の企業が協力することにより、お互いに不足する経営資源を補完し、重複するコストの削減、複数事業における相乗効果などさまざまなメリットを発揮することができます。

OEM

 企画

設計・開発

販売

OEM
委託メーカー

OEM委託 →

← 供給

OEM
受託メーカー

生産

消費者

◎ OEM のメリット・デメリット

	メリット	デメリット
委託側	・設備投資が不要でコスト削減になる ・経営資源の有効活用ができる ・生産量を柔軟に調整でき、在庫リスクが削減される ・受託側の優れた製品を自社ブランド製品として販売できる	・生産ノウハウが蓄積できない ・受託側が競合となる可能性がある
受託側	・設備の稼働率が向上し、安定した売上を見込める ・規模の経済や経験曲線効果によるコスト削減が見込める ・技術力向上やノウハウ蓄積が図れる	・自社ブランドの構築・育成につながらない ・自社ノウハウ流出の可能性がある ・依存度が高まると経営リスクが高まる

13 M&A

合併&買収は
最速で事業拡大する方法の１つ

M&A（Merger & Acquisition）とは、**企業の合併・買収**のことです。

たとえば、ある小売業が飲食業に参入しようとするケースを想定してみましょう。飲食業に適した場所や店舗、設備や什器、従業員の採用やプロモーションなど、すべてをゼロの状態から立ち上げようとすると、非常に時間もコストもかかります。そこで、すでに飲食業を経営している企業を M&A することで、店舗や従業員などをそのまま受け継ぐことができ、迅速に事業展開することが可能になります。特に、近年は環境変化が激しくなっていますから、**変化に素早く適応するために、M&A は有効な手段の１つ**です。

さまざまな M&A の手法と特徴

一般的に **M&A では、相手企業の株式を取得して子会社化したり、経営権を取得**したりします。株式を取得する方法としては、① **TOB**（Take-over Bid）、② **MBO**（Management Buyout）、③ **MBI**（Management Buy-in）、④ **LBO**（Leveraged Buyout）などが知られています。

❶ TOB：株式公開買付け。しばしば**敵対的買収**とも呼ばれます。価格や買付期間などを宣言して不特定多数の株主から直接株式を取得する方法です。

❷ MBO：①と対照的に、**友好的買収**と呼ばれます。現在の経営陣が株式を取得し、親会社などから経営権を手に入れます。経営陣がそのまま経営を引き継ぐため、従業員や関係者には受け入れられやすい買収形態です。

❸ MBI：MBO の一種ですが、金融機関や有識者集団などがマネジメント役として外部から入ってくるイメージです。**経営再建**などに用いられます。

❹ LBO：買収する側の企業が、**買収される側の企業の資産を担保に金融機関から資金調達**を行い、その資金を使って買収する手法です。過去の巨額の買収案件などで活用された手法です。

◎ LBO のしくみ

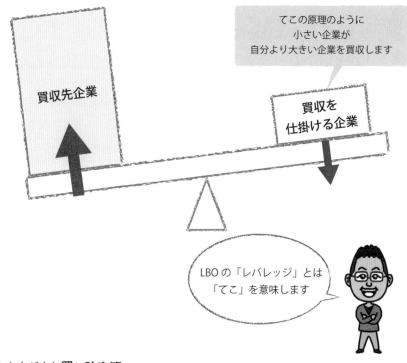

てこの原理のように
小さい企業が
自分より大きい企業を買収します

買収先企業

買収を
仕掛ける企業

LBO の「レバレッジ」とは
「てこ」を意味します

◎ さまざまな買収防衛策

①ホワイトナイト	自社に対して友好的な企業に買収を依頼する
②ポイズンピル	敵対的買収者が現れた際に、既存株主に新株予約権を発行して敵対的買収者の持ち株比率を下げさせる
③ゴールデンパラシュート	敵対的買収で役員が解任された場合に、多額の退職金が支払われるようにしておく
④パックマン・ディフェンス	敵対的買収者に対して、逆に買収を仕掛ける
⑤クラウンジュエル（スコーチド・アース）	あえて会社の資産や技術などを外部に売却することで企業価値を下げ、買収意欲を削ぐ

14 競争優位の３つの基本戦略

ライバル企業より優位に立つために
押さえておきたい３つの基本戦略

　経営学者ポーターは、競争優位性を築くための３つの基本戦略を提唱しました。競争相手に対し、**価格で勝負するのか・価格以外の点で勝負するのか**、また**ターゲット顧客は幅広いのか・狭い特定の分野の顧客か**で、戦略を次の３つに分類したのです。

❶コストリーダーシップ戦略：**幅広いターゲット**に対して、**他社よりも安い価格**で商品やサービスを提供する戦略です。そのため、徹底的なコストダウンを図ります。

❷差別化戦略：**幅広いターゲット**に対して、**価格以外の要素で魅力的**な点を訴求することで、競争相手との差別化を図ります。たとえば、製品のデザインや性能、アフターサービスなどは差別化の要素になります。

❸集中戦略：特定の分野の**狭い顧客をターゲット**にする戦略です。幅広い顧客をターゲットにする場合は、多数の経営資源（ヒト・モノ・カネ・情報等）が必要になり、なかなか中小企業は対応できません。そこで、その企業の**強みが生かせる特定の分野**に経営資源を集中させる戦略です。

それぞれの戦略のリスク

❶コストリーダーシップ戦略：薄利多売が前提になります。思ったように売上が伸びなかったり、規模の経済を発揮させるために大量生産したものの、予想どおりにコストが下がらなかったりする場合はリスクになります。

❷差別化戦略：他社に模倣されるリスクです。顧客に認知された差別化要因も、他社が模倣することで同質化してしまえば優位性を失ってしまいます。

❸集中戦略：市場規模が小さすぎて事業として成立しないリスクがあります。どんなに自社の強みが生かせる層に顧客ターゲットを絞っても、顧客が少なすぎると収益を得られません。

◎ 競争優位の3つの基本戦略

競争優位のタイプ

| 他社よりも低コスト | 顧客が認める特異性 |

ターゲットの幅

業界全体

❶コストリーダーシップ戦略

特徴

幅広いターゲットに安く提供
徹底的なコストダウンを図る

リスク

薄利多売なので、売上が伸びな
かったり、予想どおりにコストが
下がらなかったりする場合は
リスクになる

❷差別化戦略

特徴

幅広いターゲットに
価格以外で魅力的な点を訴求、
差別化を図る

リスク

他社に模倣されて同質化する
と、優位性を失う

特定の分野

❸集中戦略

特徴

特定分野の狭い顧客をターゲットにする
自社の強みが生かせる特定分野に経営資源を集中させる戦略

リスク

市場規模が小さく、
事業として成立しないリスクがある

一般に中小企業は
経営資源の面で大企業に劣るため、
差別化・集中戦略をとるのが
理想的な競争戦略になります

15 競争地位別戦略

業界内のシェアで決まるポジションによって
それぞれ最適な戦略パターンがある

　経営学者コトラーは、業界内の**市場シェアによって企業を分類**しました。
業界1位が**リーダー**です。業界によって細かな違いはありますが、おおむね
2〜4位が**チャレンジャー**、中〜下位が**フォロワー**、そしてこれらとは別に
非常に狭い業界（ニッチ）でトップを狙う**ニッチャー**の4類型です。

競争上の地位によって定石戦略がある！

❶**リーダー企業：リーダーであり続けるための戦略**をとります。高いシェア
　を維持するため、すべての顧客をターゲットとし、中〜高品質の製品を幅
　広く品揃えします。マスコミを活用し、全体訴求を行います。

　　ただし、自分から値下げはしません。これを**非価格対応**といいます。ま
　た、チャレンジャー企業が試みる差別化に対して、迅速に模倣することで
　差別化自体を無効にしようとします。これを**同質化戦略**といいます。

❷**チャレンジャー企業：**リーダーを目指し、リーダーとの差別化を図ります。
　そのため、**リーダーが取りづらい戦略を率先して実行**します。大幅な値下
　げやキャンペーン実施などです。

　　シェアを拡大するために、リーダー企業ではなく、**自社よりも下位の企
　業**のシェアを奪ったり、時には買収でシェア拡大を図ります。リーダー企
　業と真っ向から勝負するには、多大な経営資源が必要だからです。

❸**フォロワー企業：生存戦略**をとります。業界で生き残るため、リーダーや
　チャレンジャーの製品・サービスを模倣します。最低限のシェアを維持す
　ることが目的のため、低価格で販売します。

❹**ニッチャー企業：**ニッチ（すき間）業界でトップを目指す企業です。品質
　は高く、価格も中〜高水準です。**特殊な技術やノウハウを持った中小企業**
　に見られる戦略です。

◎ 4つの競争地位

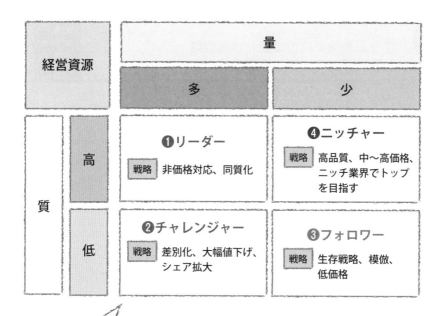

経営資源		量	
		多	少
質	高	**❶リーダー** **戦略** 非価格対応、同質化	**❹ニッチャー** **戦略** 高品質、中〜高価格、ニッチ業界でトップを目指す
	低	**❷チャレンジャー** **戦略** 差別化、大幅値下げ、シェア拡大	**❸フォロワー** **戦略** 生存戦略、模倣、低価格

①経営資源の質が高く、量も多い　　⇒リーダー

②経営資源の質は低いが、量は多い　⇒チャレンジャー

③経営資源の質が低く、量も少ない　⇒フォロワー

④経営資源の質は高いが、量は少ない　⇒ニッチャー

業界内の地位によって、
とるべき最適な戦略が変わります。
中小企業はニッチャーを目指すのが
理想的です

16 フランチャイズシステム

フランチャイズの本部と加盟店は
対等な契約で結ばれた事業共同体

コンビニエンスストアやファストフード店は、日本全国に多くの店舗が展開されていますね。たとえば、セブン‐イレブンの国内店舗数は2023年10月末現在で21,000店を超えています。これだけ多数の店舗を1つの企業がすべて直営店で展開するには、土地・建物の手配から従業員の雇用・教育、資金調達なども含めて膨大な経営資源が必要なため、ほぼ不可能でしょう。

そこで、アメリカで開発された**フランチャイズシステム**が採用されています。フランチャイズ（franchise）とは、「権利・特権を与える」という意味です。フランチャイズ本部は権利を与える側なので**フランチャイザー**、加盟店側は権利を与えられる側なので**フランチャイジー**と呼ばれます。**本部と加盟店はあくまでも別個の独立した事業者**であり、**対等な立場で契約を締結した事業共同体**なのです。

フランチャイズビジネスの流れ

フランチャイザーは、商品やサービスを開発し、そのノウハウをパッケージ化します。商標、ブランド、商品、システム、ノウハウなどのほか、オープン時の従業員採用や研修、スーパーバイザーなどの定期巡回・支援等、さまざまな支援パッケージがあります。

加盟を希望する者は、**対価として加盟金を本部に支払うことで、フランチャイズパッケージの提供を受け**、フランチャイジーとなります。営業が始まると、毎月、加盟店は本部に**ロイヤリティ**を支払いますが、売上連動型や売上総利益連動型、定額制など、企業によってさまざまな算出方法があります。フランチャイズパッケージのおかげで、未経験でもすぐに事業が実施できるメリットがありますが、毎月のロイヤリティ支払いや事業の制約条件・ルールなどに縛られて独自の工夫がしにくい等のデメリットもあります。

◎ フランチャイズシステム

経営ノウハウ
商標使用権
マニュアル・研修など

 対等な立場

加盟金・
毎月のロイヤリティ

フランチャイジー
（加盟店）

加盟店にとって、
未経験でもすぐに事業を
スタートできるメリットがある一
方、毎月のロイヤリティ支払いや制
約に縛られるなどデメリットがあ
ることにも要注意です

📖✏ ワンポイント

加盟金・ロイヤリティの支払い方式

①粗利益分配方式：加盟店の粗利益に対して一定の割合をフランチ
　ャイザーに支払う方式です。コンビニなどで採用されています。
②売上歩合方式：加盟店の売上に対して一定の割合をフランチャイ
　ザーに支払う方式です。多くの業種で採用されています。
③定額方式：売上や利益に関係なく一定の金額を支払う方式です。

アウトソーシング

外部資源を活用して
組織の効率化&スリム化を実現する

　事業活動をしていく中で、企業にはさまざまな業務が発生します。その
すべてを、社内だけで完遂している企業はほとんどないでしょう。たとえ
ば、請求書類を取引先に送る場合、郵便局などに依頼することがありますが、
これは輸送のアウトソーシングです。また、企業のWebサイト管理や社内
システム等のIT関連業務を外部のシステム会社に委託することもあります。
企業の受付業務をアウトソーシングして、派遣会社から受付係を受け入れて
いる場合もあります。家電量販店などでは、接客担当者の大半がメーカーか
ら派遣されており、これも一種のアウトソーシングと言えます。

　このように、アウト（外部）ソーシング（調達）とは、**外部の資源やサー
ビスを活用すること**を言います。

アウトソーシングのメリット・デメリット

　アウトソーシングのメリットには、①外部の専門業者の持つ専門知識やノ
ウハウを活用できる、②経営資源を自社の核となる重要業務に集中させるこ
とができる、③自社で実施するよりもコスト削減となる・人件費の変動費化
が図れる、④**選択と集中**により、組織の効率化・スリム化が図れる、などが
あります。

　一方、デメリットには、①アウトソーシングした業務については社内にノ
ウハウが蓄積できない、②製品やサービスに関するノウハウ、顧客の個人情
報等を含む機密情報の漏洩リスクがあること、などがあります。

　2017年には改正**個人情報保護法**が施行されましたが、その背景には受付
業務や人事労務、カスタマーセンターやコールセンターなど、**外部の企業が
個人情報を扱うケースが増加している現実**があることがわかりますね。

◎ アウトソーシングのしくみ

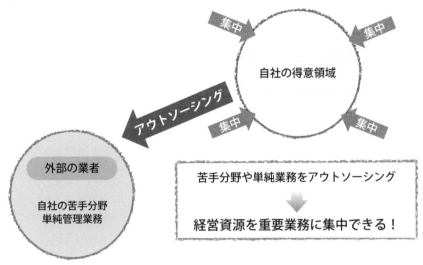

苦手分野や単純業務をアウトソーシング

⬇

経営資源を重要業務に集中できる！

◎ アウトソーシングのメリット・デメリット

メリット	デメリット
①外部業者の専門知識やノウハウを活用できる	①アウトソーシングした業務については社内にノウハウが蓄積できない
②経営資源を重要業務に集中させられる	②製品やサービスのノウハウ、個人情報等を含む機密情報の漏洩リスク
③コストが削減できる。人件費の変動費化も可能に	
④組織の効率化・スリム化が図れる	

18 マッキンゼーの7S

7つの要素を融合させて
戦略を立案しよう

　戦略を実行する際には、さまざまな要素がからんできます。ありがちなのは、多数の改善点や課題は見つかったものの、どこから手を付けていいかわからずに困惑してしまうことです。そこで、コンサルティングファームのマッキンゼー社が提唱したのが7Sモデルです。7Sモデルは比較的早期に改善しやすいハード面と、改革には時間がかかるソフト面に分かれています。

ハードの3S・ソフトの4S

　ハードの3Sとは、次の3つです。

❶ **戦略（Strategy）：ビジネスの方向性や競争の仕方を決定**します。競争戦略や成長戦略が含まれます。

❷ **組織構造（Structure）**：組織をどのように形づくるか、**構造を決定**します。組織図のイメージです。

❸ **制度・システム（System）**：組織内のルールや手続き、**しくみ**に関することです。報酬制度などもこれに含まれます。

　ソフトの4Sとは、以下の4つです。

❹ **価値観（Shared value）**：組織のメンバーに**共有されている価値観や共通認識**です。経営理念などにひもづくものです。

❺ **人材（Staff）**：経営者や従業員、**社内の人材の能力**のことです。

❻ **スキル（Skill）：組織が持つ能力**のことです。営業力や技術力、マーケティング力など組織によってさまざまな能力があるでしょう。

❼ **スタイル（Style）：会社の雰囲気や組織文化**などです。経営スタイルや社風などもこれに含まれます。

　変更しやすいからといってハードの3Sにばかり着目してもうまくいきません。7つの要素が融合し、連動するように戦略立案することが重要です。

◎ マッキンゼーの7S

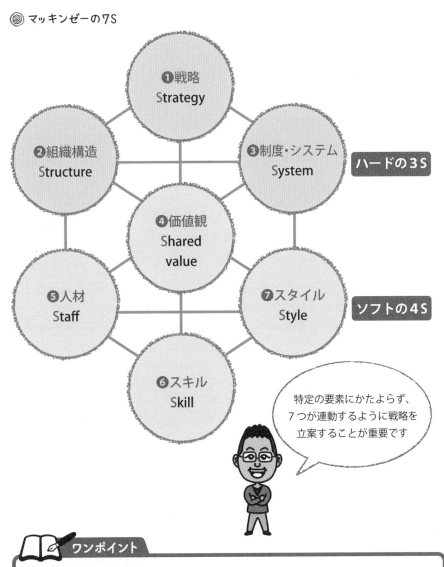

ハードの3S
ソフトの4S

❶戦略
Strategy

❷組織構造
Structure

❸制度・システム
System

❹価値観
Shared
value

❺人材
Staff

❼スタイル
Style

❻スキル
Skill

特定の要素にかたよらず、
7つが連動するように戦略を
立案することが重要です

📖 ワンポイント

7Sモデルはどのように使う？

企業診断を行う際には、必ず経営者からヒアリングします。その際に威力を発揮するのが「マッキンゼーの7S」です。ハードの3Sとソフトの4Sについて質問していくだけで、その企業の概要が把握できます。戦略を立てるだけでなくコンサルティングにも使い勝手がよいので、診断士になった暁には活用してみてはいかがでしょうか。

コラム 企業の前進を阻む 3つの壁とは？

　中小企業診断士の試験のうち「企業経営理論」という科目で、「戦略論」が出題されます。その中に3つの障壁が出てくるのですが、どんな壁か想像できますか？

　1つ目の壁は、**参入障壁**ですね。ファイブフォース・モデル（32ページ）でも出てきましたが、ある業界に外から参入してくる業者が増えると、競争が激しくなるので好ましくありません。そこで、業界として他社が参入しづらいようにさまざまな手を打つことになります。たとえば、規模の経済が働くビジネスの場合、それ自体が参入障壁になります。同様に初期投資額が大きかったり、特許などで保護されていてライセンス料が必要になったりするなど、参入をためらわせる要素もポイントです。

戦略グループの移動は難しい

　同業種でも、ビジネスの仕方が異なることはよくあります。飲食業であれば、セルフサービスかフルサービスか、価格は高いか低いかなど、さまざまな差別化要素があります。類似の戦略をとる企業をまとめてプロットしたものを戦略グループマップといいます。

　2つ目の壁は、企業がこの戦略グループマップ上を移動する際に存在する移動障壁です。つまり、戦略を転換するのが難しいことを意味しています。たとえば、長年フルサービスだった店がセルフサービスの店に替わることはかなり難しいと同時に、失敗する可能性も高まります。

　3つ目の壁は撤退障壁です。ある業界から撤退する際の困難さを表します。たとえば大型の機械に設備投資しており、かつそれが他の事業等に転用できない・売却困難などの場合は、事業を止めると投資が無駄になってしまうため、撤退を躊躇することになります。このように、回収不能となったコストをサンクコスト（埋没費用）と呼びます。

第 2 章

組織・人事

組織構造や組織文化、
人的資源管理や従業員のモチベーション向上、
リーダーシップの発揮など、
組織に関係する各種理論を学びます

機能別組織

営業部、製造部など機能別に組織編成することで
専門性を高め、効率アップ

機能別組織は、多くの企業が取り入れている組織形態です。その名のとおり、**機能ごとに部署を分ける構造**です。一般的な機能としては営業部や製造部、総務部や人事部などがあり、それぞれの役割に応じた名称が与えられていることが多いです。

さて、あなたがある機能別組織の企業に勤めているとしましょう。「今日は人事をやってくれ。明日は営業、明後日は製造を頼む」。極端な例ですが、そんなふうに言われたらいかがですか。日替わりでまったく別の仕事をするのは効率が悪いですね。そこで、機能別組織では機能に対して人を配置します。**人の専門性が高まる**ことが大きなメリットの１つです。

機能別組織のメリットとデメリット

一般的な機能別組織のメリットとデメリットをまとめてみます。

メリット：①分業体制で各機能の専門性が発揮され、効率性が高い。②組織の指揮系統がシンプルでわかりやすく、統制を取りやすい。③トップに権限や情報が集中し、経営判断がしやすい。

ただし、企業が大きくなるにつれて、組織構造が多層化すると、上記のメリットが失われ、デメリットに転じるケースも出てきます。

デメリット：①機能や階層が増えすぎると、情報共有しにくくなる。②機能の専門化が進むと、全社的な判断のできる人材が育ちにくい。③機能部門同士の対立（**コンフリクト**）が生じやすい。④所属機能部門に集中しすぎると、外部環境の変化に迅速に対応しづらくなる。⑤トップの負担が重く、経営判断等の重要な業務が滞る。⑥機能部門ごとの利益責任が不明確。

特に③のコンフリクトは、営業部と製造部の仲が悪いなど、私が今まで診断した会社でもよくある光景でした。

◎ 機能別組織

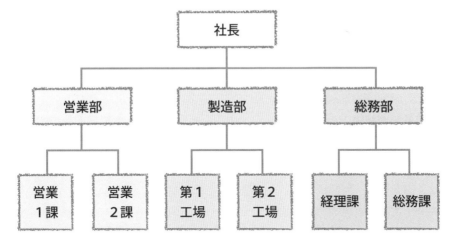

```
                        社長
          ┌──────────────┼──────────────┐
        営業部          製造部          総務部
       ┌───┴───┐    ┌───┴───┐    ┌───┴───┐
     営業     営業    第1     第2    経理課   総務課
     1課      2課    工場     工場
```

◎ 機能別組織のメリット・デメリット

メリット	デメリット
①各機能の専門性が発揮される	①情報共有しにくくなる
②指揮系統がシンプルで、統制を取りやすい	②全社的な判断のできる人材が育ちにくい
③トップに権限と情報が集中し、経営判断がしやすい	③部門間の対立が生じやすい
※組織構造が多層化すると、上記のメリットが失われ、デメリットに転じるケースも出てくる	④外部環境の変化に迅速に対応しづらい
	⑤トップの負担が重く、経営判断等の重要な業務が滞る
	⑥部門ごとの利益責任が不明確

ワンポイント

機能別組織では部門ごとの利益責任があいまいになりやすい

機能別組織のデメリットの1つ、「部門ごとの利益責任が不明確」というのは、トップに権限が集中している一方で各機能部門が自部門の業務遂行に集中し、会社や事業の利益に対する責任感が希薄になることを表します。営業部が採算度外視で受注数を優先したり、製造部がコストを意識せずに品質を追求したりするケースなどですね。

事業部制組織

機能別組織の弱みを補強、
多くの製品や顧客を扱うビジネスに適した組織

　事業部制組織とは、主に大企業〜中規模企業に見られる組織形態です。1つの**事業部を単位として、トップマネジメントの下に配置**します。事業部ごとに営業機能や購買機能などを持っており、利益責任を負うことが一般的です。事業部は、製品別事業部や地域別事業部、顧客別事業部など、業態に合わせて設置されます。

　機能別組織のデメリットを補うために考えられた組織となっているのが特長です。トップの負担が重くならないように、**各事業部長に権限委譲を行い、トップは全社的な経営判断等に集中**することができます。

　また、事業部の中に営業や製造などの各種機能が含まれているため、事業部長を経験させることで、**全社的な判断ができる人材の育成**につながります。

　さらに、事業部ごとに権限が委譲されているため、外部環境の**変化に迅速に対応しやすい**のも大きな特長です。

事業部制組織のメリットとデメリット

　事業部制組織のメリットとデメリットをまとめてみます。

メリット：①トップが戦略的意思決定に集中できる。②次世代の経営人材を育成しやすい。③外部環境変化に適応しやすい。④事業部ごとに収益が明確になり、採算面での評価がしやすい。

デメリット：①各事業部が、自部門の利益を優先し、全社的な経営ビジョンよりも短期的な判断に陥りやすい。②事業部間のコンフリクトが激化し、全社的な判断が困難になる。③事業部ごとに研究開発や製造、営業などの機能が重複して設置される場合、全社的コストが上がる。

　機能別組織も事業部制組織も、所属メンバーがずっと同じままだと硬直化するため、人材の配置転換や人事交流などを行うことが有効です。

事業部制組織

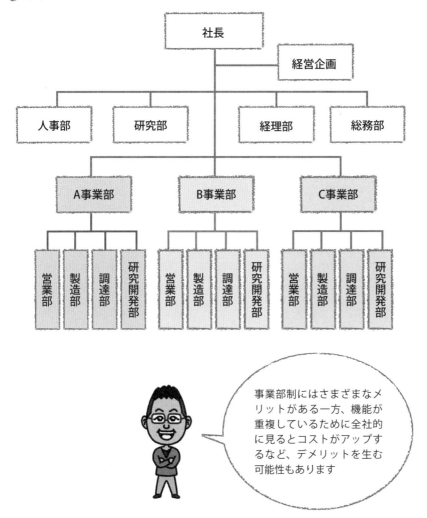

事業部制にはさまざまなメリットがある一方、機能が重複しているために全社的に見るとコストがアップするなど、デメリットを生む可能性もあります

事業部制組織の特徴
- ・トップマネジメントの下に直接、設置
- ・製品別、地域別、顧客別など、業態に合わせて設置
- ・事業部ごとに機能別組織を持つ
- ・事業部長に権限が委譲され、全社的な判断ができる人材の育成が可能

マトリックス組織

プロジェクトごとにチームを編成、
専門性を発揮しつつ変化に迅速に対応する組織

　マトリックス組織とは、変化の激しい業界や常に新しいプロジェクトが発生する業態、課題が頻繁に変化するなど、臨機応変な対応が求められる企業で採用される組織形態です。

　たとえば、コンサルティング会社をイメージしてください。クライアント企業によって、さまざまな課題や要望がありますし、企業が異なれば対処法も変わってきます。そこで、クライアント企業ごとにＡプロジェクト・Ｂプロジェクト……のように、**目的別の責任者（プロジェクトマネジャー）を置**きます。プロジェクトマネジャーには、その問題解決に適した人材を、各機能部門から選抜して配置します。プロジェクトが終了すれば、そのチームは解散となり、また別のプロジェクトに配置されていく形となります。このように、マトリックス組織は**機能別組織の専門性や効率性と、事業部制組織の環境適応性の双方のメリットを取り入れた組織**です。

ワンマン・ツーボスシステムの罠に要注意！

　一見万能に思えるマトリックス組織ですが、大きなデメリットがあります。それが**ワンマン・ツーボスシステム**の弊害です。右図のように、プロジェクトに参加したメンバーは、プロジェクトマネジャーと機能部門の部長の2人の上司（ツーボス）から指示・命令を受けることになります。そのため、ボス同士の組織内コンフリクトが発生したり、指揮命令系統が混乱し、責任の所在が不明確になったりする可能性があります。また、どちらのボスに評価されるのかが明確でない場合、メンバーの貢献意欲が下がります。

　事前に指揮命令系統を明確にしておく、ボス同士でのコミュニケーションを図り、権限責任の所在や重みを明確にしておくなど、事前の取り決めが不可欠になります。

◎ マトリックス組織

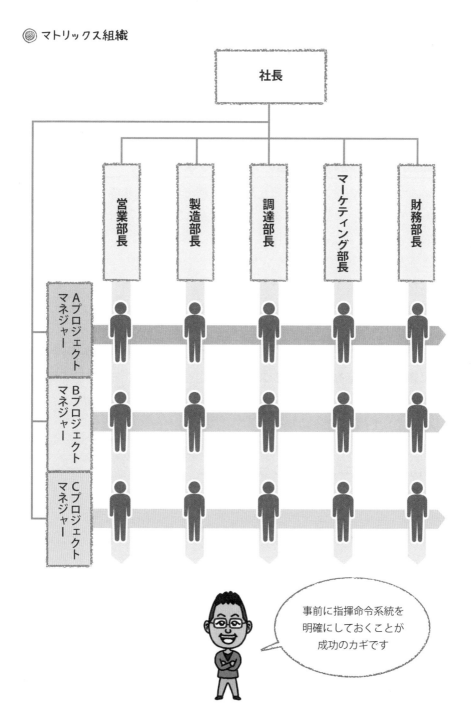

事前に指揮命令系統を
明確にしておくことが
成功のカギです

バーナードの組織要件

そもそも組織とは何か？
組織論に欠かせない「組織の3要素」を知っておこう

「集団」と「組織」の違いがわかりますか？

　あなたは、道の向こう側に渡りたくて、横断歩道で信号待ちをしています。周りにも同じように信号待ちをしている人が大勢います。信号が青になって、全員一斉に道の向こう側を目指して横断し始めました。この人々は組織でしょうか。

　また別の日、あなたは草野球をしています。勝利を目指して、チームみなで協力して相手チームに勝利することができました。このチームの人たちは組織でしょうか。

　アメリカの企業経営者バーナードは、「**組織とは、2人以上の人々の意識的に調整された活動や諸力のシステム**」と定義しました。そして、組織が成立するためには、3つの要素を満たす必要があると説いています。

①組織として**共通の目的**があること

②メンバーが互いに**協力し貢献する意欲**があること

③相互に円滑な**コミュニケーション**が取れること

　横断歩道で信号待ちをしている人々は、「道の向こう側に渡る」という共通の目的はあります。しかし、そのために互いに協力し貢献したり、コミュニケーションを取ったりはしないでしょう。つまり、組織ではなく単なる「集団」になります。

　草野球のチームは、「相手チームに勝利する」という共通目的があり、チームで協力しながらプレーをし、コミュニケーションを相互に行っていると考えられますので、「組織」になります。

　企業を診断する際に、この3要素に着目して組織を観察すると、共通目的が曖昧だったり、貢献意欲が引き出せていなかったり、そもそもコミュニケーションが取れていなかったりと、問題点に気づけることが多いものです。

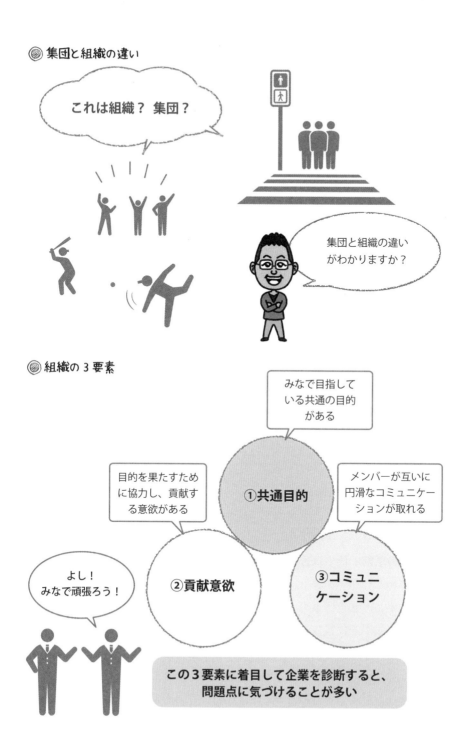

◎ 集団と組織の違い

これは組織？ 集団？

集団と組織の違い
がわかりますか？

◎ 組織の3要素

みなで目指して
いる共通の目的
がある

目的を果たすため
に協力し、貢献す
る意欲がある

①共通目的

メンバーが互いに
円滑なコミュニケー
ションが取れる

よし！
みなで頑張ろう！

②貢献意欲

③コミュニ
ケーション

この3要素に着目して企業を診断すると、
問題点に気づけることが多い

05 組織の5原則

成果を出す組織には理由がある！
その理由とは？

　せっかく組織をつくっても、組織効率が低く、求める成果を得られない組織では意味がありません。効率のよい組織を構成する**5つの原則**について知っておきましょう。

❶責任権限一致の原則：担当する職務に応じて与えられる**権限と責任の大きさを一致させる**という原則です。たとえばあなたが重要なプロジェクトを任され、責任者になったとします。しかし、人材や予算に関する権限がなかったらどうでしょうか。責任ばかり負わされ、必要な執行権限がないと、やる気が起きないでしょう。企業診断をすると、結構見受けられる問題です。

❷命令一元化の原則：常に特定の**1人の上司から指示・命令が下されるべき**という原則です。たとえば、あなたが複数の上司から違う指示を受けたらどう感じますか。「上司によって言っていることが違う」と混乱し、身動きが取れなくなってしまいますね。これも現実によくある話です。

❸統制範囲の原則：1人の上司が管理する**部下の数を適切な範囲とする**原則です。あなたに部下がいたとして、何人くらいまで管理できますか。もちろん業務内容や管理レベルにもよりますが、一般に5〜10人が適切な範囲と言われています。これを超える場合は権限委譲をして階層を構築します。

❹専門化の原則：仕事は**分業体制**にし、それぞれの職務に人を割り当てて専門性を高める仕事の効率化の原則です。機能別組織（60ページ）の考え方と一緒です。たとえば小売店の場合、仕入れ担当や接客担当、レジ担当などに分業して集中的に職務を行うことで専門性が高まり、早く熟練します。

❺権限委譲の原則：定型的な業務は部下に権限委譲し、上司は例外的・非定型業務に集中するべきという原則。具体的には、企業の今後の戦略を練ったり、重要な意思決定を行ったりします。特に経営者はどんどん**権限委譲して部下に任せる**べきですが、なかなかうまくいかないケースを見かけます。

◎ 組織の5原則

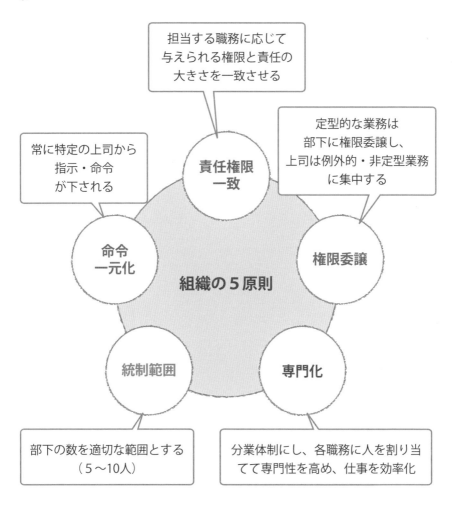

担当する職務に応じて
与えられる権限と責任の
大きさを一致させる

定型的な業務は
部下に権限委譲し、
上司は例外的・非定型業務
に集中する

常に特定の上司から
指示・命令
が下される

責任権限
一致

権限委譲

命令
一元化

組織の5原則

統制範囲

専門化

部下の数を適切な範囲とする
（5～10人）

分業体制にし、各職務に人を割り当
てて専門性を高め、仕事を効率化

ワンポイント

原則論に縛られず、柔軟な姿勢を持とう

責任権限一致は理想ですが、現実には責任のほうが重いケースもよくあります。近年はITの進化で、管理できる部下の数が増えているようです。専門化や権限委譲も業種業態によってさまざま。原則に縛られず、環境に応じて組織を変化させていくことが大事ですね。

06 チャンドラーの命題と アンゾフの命題

組織は戦略に従うのか？　戦略が組織に従うのか？
卵とニワトリ、どちらが先と考えるべき？

アメリカの経営学者チャンドラーは1960年代に**「組織は戦略に従う」**という命題を提唱しました。これは、当時の大企業が当初は機能別組織だったものが、事業拡大や多角化戦略の実行過程で、事業部制組織に転換するケースが多かったことから導かれました。チャンドラーは実証研究を通して、企業の組織構造は実行する戦略によって変化すべきであると考えたのです。

その後1970年代後半に、アンゾフ（30ページ）が**「戦略は組織に従う」**という命題を提唱します。一見、チャンドラーの命題とは真逆のようですが、アンゾフはチャンドラーの命題を踏まえたうえで、こう考えました。**「どんなに素晴らしい戦略であっても、組織の人や能力に適応できなければ実行は不可能**である」。たとえば、経営資源（ヒト・モノ・カネ・情報等）に乏しい中小企業が、いきなり多角化や世界規模の戦略を立てても、実現は困難を極めるでしょう。

2つの命題は相互補完の関係にある

チャンドラーの命題もアンゾフの命題も、どちらが正しいか、優れているか、というものではありません。**双方ともに、戦略や組織を考える際には意識しなくてはならない重要な要素**です。

そこで、それぞれの命題に「組織（構造）は戦略に従う」「戦略は組織（の文化・経営資源）に従う」と、（　）の補足を入れてみると、真逆に見えていた命題が相互補完するものに感じられるのではないかと思います。

企業診断では、戦略立案の助言をすることがあります。その際には、組織文化や経営資源に着目し、それを制約条件としたうえで戦略を練ります。戦略を実行するにあたっては、適切な組織体制を構築するように助言を行います。まさに2つの命題が密接に関係していることがわかりますね。

◎ チャンドラーの命題・アンゾフの命題

理念・ビジョン

↓

組織文化・風土の形成

チャンドラーの命題 ↓

「組織は戦略に従う」
（組織構造は、
戦略に合わせて変わる）

「組織構造は戦略に従う」

例 1960年代、機能別組織が当た
り前だった大企業が事業拡大
や多角化戦略を実行していく
プロセスで、事業部制組織に
転換していった

↕

アンゾフの命題

「戦略は組織に従う」
（戦略は組織の制約を受ける）

「戦略は組織の文化・経営資源に従う」

例 経営資源に乏しい中小企業が、
いきなり多角化や世界規模の
戦略を立てても、実現は困難

アンゾフとチャンドラーの
どちらが優れているかではなく、
経営戦略を考える際には
両方を検討する必要があります

07 組織文化

社内の目に見えない空気が
社員の意思決定や行動に影響を与える

　社風を表す言葉にはどんなものがあるでしょうか。たとえば、元気がいい、まじめ、体育会系など、会社の雰囲気のようなものを表すキーワードを思い浮かべると思います。これらは、**組織文化**や**組織風土**とも呼ばれます。一般に、組織のメンバーに**共有された価値観や信念、行動規範や思考様式**のことで、各メンバーの**判断や行動に影響を与える**ものとされています。

　では、組織文化はどのように生まれるのでしょうか。

組織文化が形成される要因

❶**近接性**：組織のメンバー同士が近くにいるほど、コミュニケーションなどを通じて思考様式や行動様式が共通化していきます。

❷**同質性**：組織のメンバーの特性が似ているほど、組織文化が形成されやすくなります。似たような性格や話し方、聞き方なども影響します。やはり似た者同士は気が合うといいますからね。

❸**相互性**：組織のメンバー同士で仕事上のやりとりが頻繁にあるほど、相互依存していることになり、コミュニケーション密度が高まるため、組織文化を形成しやすくなります。

❹**帰属意識**：所属する組織に対して、メンバーの帰属意識が高いほど組織文化は強固なものになります。会社に対する愛着や会社の製品・サービスへの思い入れなど、さまざまな要素が帰属意識を高めます。

❺**情報共有度**：組織内の情報が広く共有されていたり、情報共有のしくみがあったりすると、コミュニケーションが活発になりますので、組織文化の形成に影響を与えることになります。

　近くにいてコミュニケーションを密にすることで、組織文化が形成されるわけですね。

◎ 組織文化の形成

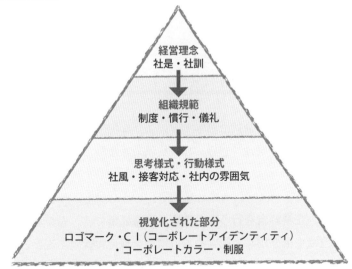

経営理念
社是・社訓

↓

組織規範
制度・慣行・儀礼

↓

思考様式・行動様式
社風・接客対応・社内の雰囲気

↓

視覚化された部分
ロゴマーク・CI（コーポレートアイデンティティ）
・コーポレートカラー・制服

◎ 組織文化の形成・強化要因

❶近接性	近くにいてコミュニケーションすることから、思考様式や行動様式が共通化していく
❷同質性	組織のメンバーの特性が似ているほど、組織文化が形成されやすい
❸相互性	仕事上のやりとりが頻繁にあるほど、コミュニケーション密度が高まるため、組織文化を形成しやすい
❹帰属意識	メンバーの帰属意識が高いほど、組織文化は強固になる
❺情報共有度	情報共有がなされているほど、組織文化の形成に影響を与える

ワンポイント

2次試験では類推力も必要

2次試験の事例Ⅰ（組織論）では、ほぼ毎年、組織文化に関する出題があります。しかし、問題文では「組織文化」とは明示されておらず、「ある企業が業績不振に陥っている原因は何か」といった形で組織文化についての解答を求められていることが多いです。目に見えないものを分析するので、類推力も必要となります。

08 人的資源の管理

従業員の意欲を引き出す
働きやすい職場づくりとは

あなたの理想とする会社や職場はどのような環境でしょうか。やりがいがある、給料が高い、成長できる、社会貢献できるなど、人によって理想像は異なるでしょう。

経営資源（ヒト・モノ・カネ・情報等）のうちヒト、つまり**人的資源に関する管理は、企業経営を行う際の重要な戦略要素**です。異なる理想像を描く従業員の意欲を引き出し、働きやすい環境を整え、管理することは、企業経営を円滑に進めていくうえで重要な業務です。マスコミ等でブラック企業について取り上げられることがありますが、そのような企業は人的資源管理ができていない、致命的な状況にあると言えるでしょう。

人的資源管理の範囲

人的資源管理の範囲は非常に多岐にわたります。ここでは大きく4項目に分けてみました。

❶**雇用管理**：会社の戦略に基づき、必要人数や採用計画の立案、募集や選考、採用後の育成・配置、人事異動、最終的な退職管理までを含みます。

❷**能力開発**：職務を分析することで、必要な能力や資格を洗い出し、入社してからのキャリアパスを描き、職務設計を行います。キャリアや年次に応じて研修や育成、面談やジョブローテーションなどを行い、必要な能力の獲得や向上を図ります。

❸**賃金管理**：適正な人事考課を実施し、賃金を配分します。賞与や退職金も管理します。

❹**作業条件管理**：労働時間を適正に保ち、労働災害が発生しないように事前の対策やマニュアル整備を行います。また、近年はメンタルヘルス対策、すなわち**精神的な面のケアも重視**されています。

◎ 人的資源管理

人的資源管理項目は多岐にわたる

雇用管理	能力開発	賃金管理	作業条件管理
採用・配置・退職	職務分析・職務設計	人事考課・賃金制度	時間・安全・衛生

> 企業の人的資源管理は人事部が担っていますが、その業務はこれだけ多岐にわたっているんですね

📖 ワンポイント

人的資源管理と労務管理の違いを押さえよう

人的資源管理は、その名のとおり「人」を経営資源として捉え、有効活用するためのしくみを構築・運用する諸活動を指します。一方、伝統的な労務管理は、単なる「生産手段」として労働力を捉え、労働力の調達や労使関係の調整などを行うものです。

09 報酬制度

従業員の意欲と能力を引き出す
内的報酬と外的報酬

　「報酬」というと、いわゆる賃金・給与・手当などの呼び名で、労働の対価として支払われる金銭的なものをイメージする方が多いと思います。しかし、これは報酬の一面にすぎません。このような金銭的・経済的なインセンティブのことを**外的報酬**といいます。

　賃金は基本給と諸手当で構成されますが、基本給はさらに属人給（年齢や勤続年数、学歴など）と仕事給（職能給や職務給）に分かれます。配置転換等の多い日本では、職能給の運用が多いですが、年功的賃金になりやすいという問題があるため、近年は成果給も導入されるケースが増えてきています。

　外的報酬は、従業員の外部から与えられるものですので、金銭以外にも昇進や**フリンジベネフィット**（**現金以外の給付**：社宅、寮、家賃補助、食事提供など、さまざまな福利厚生のこと）も含まれます。

従業員の心理に影響を与える「内的報酬」

　報酬のもう１つの面は**内的報酬**です。これは、**従業員の内面や心理に働きかける報酬**のことです。

　たとえば新しいプロジェクトを任せる、権限の範囲を拡大する、裁量を拡大する、研修や能力開発の機会を与えるといった**職務拡大**（職務の範囲を拡大させ、担当できることを増やすこと）や**職務充実**（管理的な職務を与えて難易度と責任を高めること）などが挙げられます。それによって職務に対するやる気や熱意を引き出したり、企業や職務に対し、より魅力や価値を感じるようにさせたりするのです。

　金銭的な報酬には予算の都合など支給限界がありますが、内的報酬は外的報酬と比較してコストもあまりかからないため、中小企業にも取り組みやすい手法です。

◎ 内的報酬と外的報酬

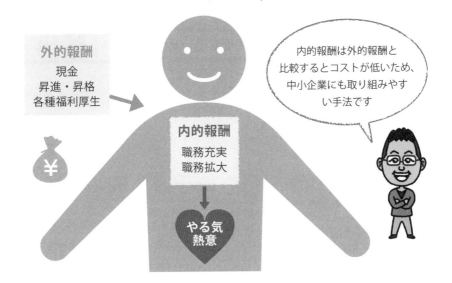

外的報酬
現金
昇進・昇格
各種福利厚生

内的報酬
職務充実
職務拡大

やる気
熱意

内的報酬は外的報酬と
比較するとコストが低いため、
中小企業にも取り組みやす
い手法です

◎「職務拡大」と「職務充実」のイメージ

職務拡大

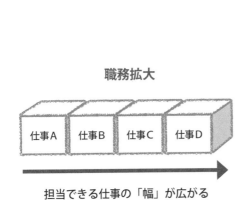

仕事A 仕事B 仕事C 仕事D

担当できる仕事の「幅」が広がる

職務充実

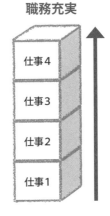

仕事4

仕事3

仕事2

仕事1

担当する仕事の「難易度」
が高まる

10 人事評価制度

人的資源を最大限に活用するために
３つのポイントで適切に評価する

　企業にとっては、限られた人的資源をいかに有効活用し、生産性を高めていくかは大きな経営課題です。能力や適性に合わせて人材を最適なところに配置し、昇給・賞与・昇進・昇格等の処遇をするためには、**人的資源を適正に評価**する必要があります。また、評価によっては必要な能力開発を行うこともあるでしょう。これらの評価は、**人事評価制度**や**人事考課制度**などと呼ばれます。業種・業態によってさまざまな評価要素がありますが、基本的には以下の３つの評価要素を用いる企業が多いです。

人事考課のカギを握る３つの評価要素

　一般的な評価要素として、①能力、②情意、③業績の３つを組み合わせて活用します。

❶能力評価：業務遂行のために必要とされる**能力の高低**を評価します。職務基準や職能要件に照らし合わせ、成果を出すために必要な能力は何か、発揮された能力はどれくらいのレベルなのかを明らかにし、配置・異動、昇進・昇格、今後のキャリアプラン等の基礎情報として活用します。

❷情意評価：**業務に対する意欲や態度**を評価します。たとえば遅刻や欠勤、業務中の態度や熱意、ふだんの発言や行動などが判断材料になります。賞与額や昇給額、昇進・昇格等に影響しますが、あくまでも**他の評価要素を補完する位置づけ**で扱われるのが一般的です。無遅刻・無欠勤でやる気にあふれていても、業績がいいとは限らないからですね。

❸業績評価：定められた**評価期間における業績**を評価します。与えられた職務で求められている業績予算を達成したかどうか、価値を生み出したかどうか、企業業績への貢献度を見ます。**賞与額・昇給額の決定に活用される**ことが多いです。

◎ 3つの評価要素

人事考課

❶能力評価

業務遂行に
必要な能力の
高低

配置・異動、昇進・昇格、今後のキャリアプラン等の基礎情報としても活用

❷情意評価

業務に対する
意欲や態度

❸業績評価

評価期間における業績・企業業績への貢献度

他の評価要素を補完する位置づけ

賞与額・昇給額の決定に活用されることが多い

人事考課をする際に起こりがちな誤差傾向には注意が必要ですよ

ワンポイント

人事考課で気をつけたい5つの誤差傾向

①ハロー効果：1つの評価項目が優れていた場合に、他の項目も優れていると評価すること。②中心化傾向：評価が中央値に集まること。③寛大化傾向：評価が甘くなること。④論理誤差：評価項目同士に関連性がある場合、片方の評価が片方に影響を受けること。
⑤対比誤差：考課者自身との対比によって評価すること。

11 能力開発

3つの手法を上手に組み合わせて
従業員の能力開発を進める

　日本企業の能力開発でよく取り入れられているのは、OJT（On the Job Training）、Off-JT（Off the Job Training）、自己啓発の3つです。それぞれの特徴を踏まえて、うまく組み合わせることがポイントです。

❶ OJT：対象者に**日常の業務を体験させながら、上司や先輩が職務遂行に必要なノウハウや知識・テクニックなどを教える**方法です。手っ取り早くコストもあまりかからないため、能力開発では最も多く取り入れられている方法でしょう。また対象者に合わせて、きめ細かい指導ができ、実務ですぐに生かせる手法が学べることが大きなメリットです。

　しかし、教える上司・先輩の技術や知識、教え方によってバラツキが大きく、体系的に学ぶことができないという欠点もあります。また、一度に多人数にOJTを実施することは難しいです。こうしたデメリットを補うのがOff-JTです。

❷ Off-JT：日常の職場とは別の場所で、**講師から講義を受ける研修形式**で行われます。**多人数を同時に教育することが可能**で、受講者には共通のカリキュラム等によって**体系的に技術や知識を教えられる**ので、OJTよりバラツキも抑えることができます。

　主に役職や職位、年齢層や入社年次などの階層ごとに必要な知識補充を目的に実施される**階層別研修**と、担当職務別に専門的な知識や実務ノウハウの習得を目的に実施される**職能別研修**に分かれます。

　しかし、講師や会場にコストがかかること、対象者が職場から離れるため、他の従業員の業務負担が重くなることなどのデメリットがあります。

❸自己啓発：個人の成長意欲に依存したもので、あまり重視されていません。大企業等では福利厚生の一環として、資格取得を援助したり通信教育の費用を補助したりするなど、自己啓発を推奨しているところもあります。

◎ 3つの能力開発方法

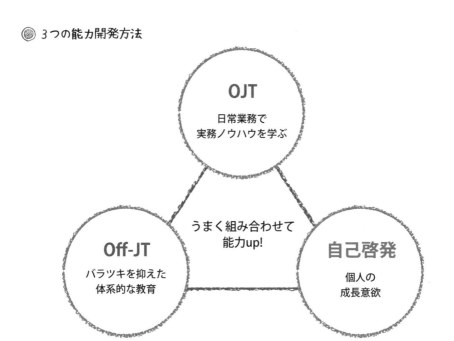

◎ OJT・Off-JTのメリットとデメリット

	メリット	デメリット
OJT	・個人ごとにきめ細かい指導ができる ・コストが低い ・現場で直接教えるため、実戦的	・指導者によって教える内容にバラツキが生じる ・体系的に学ぶことが困難 ・多人数の指導には不向き
Off-JT	・多人数をまとめて指導できる ・講師による体系的な指導が可能 ・現場を離れているため、落ち着いて学習に集中できる	・現場を離れるため、残ったメンバーの負担が重い ・会場準備や講師手配など、OJTよりコストが高くなる ・個別のきめ細かい指導が困難

個人に権限委譲し、自主性を発揮させることで、組織を活性化する

　組織を構成しているメンバーにはそれぞれ、個性や感情、多様な価値観・考え方や行動様式があります。企業は、これらのメンバーのスキルや経験、知識などを最大限に活用して事業を推進していかなければなりません。そのためには、組織メンバーのモラール（士気・意欲）やモチベーションを引き出す必要がありますが、その一つの手法として**エンパワーメント**があります。これは、**個人の能力を十分に発揮させるための仕組み**であり、業務に対する権限委譲や自主性や自由度の容認などが含まれます。

　従来の日本的経営の考え方では、組織メンバー同士の協調性や年功序列的構造が尊重され、個人の自主性や自由度が重視されることはほとんどありませんでした。しかし、グローバル化の進展や経営環境の変化により、個人にフォーカスした活性化手法が求められるようになってきました。

従業員の自律性を高めるための権限委譲

　近年、VUCA と言われるように、企業を取り巻く経営環境の変化は激しさを増しています。従来のような画一的なやり方では対応できません。必要なのは、変化に対する認識力や適応能力、柔軟な発想力などです。問題処理型ではなく、未来創造型で自律的に成果を出せる人材が求められます。

　このような自律的な人材を確保・育成するためには、能力のある個人に対して積極的に権限委譲（エンパワーメント）を行い、行動や意思決定の自由度を高めることが有効です。権限委譲された個人は、自律的に能力を存分に発揮できるので、業務遂行スピードの向上や変化への柔軟な対応が可能になります。つまり、**権限委譲で自律的な個人の自主性を高めることにより、企業は競争優位性を発揮することができる**のです。その維持のためには、戦略的な人的資源管理が求められるようになってきています。

◎ 組織活性化の今後

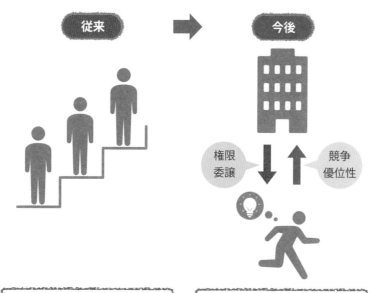

従来	今後

権限委譲 ← → 競争優位性

・協調性 ・年功序列 ・問題処理型の人材	・変化の認識力、適応能力 ・柔軟な発想力 ・未来創造型の人材

もちろん、協調性や年功序列、問題処理型人材が不適切なのではなく、それぞれの企業の経営環境に合わせて個人の能力を発揮させるための仕組みをいかに作るかがポイントです

📖✍ ワンポイント

VUCAとは

Volatility「変動性」、Uncertainty「不確実性」、Complexity「複雑性」、Ambiguity「曖昧性」の頭文字をつないだもので、先行き不透明な経営環境を表すキーワードです。VUCA時代においては、過去の経験が活かせないことも多いため、近年は「リスキリング」の重要性が指摘されています。そのほかにも強いリーダーシップや組織変革を推進する力、現場対応力や柔軟性が求められています。

13 目標管理制度

「部下の成長を支える」という趣旨を
正しく捉えて活用することが大事

　目標管理制度は、もともとドラッカーが考案したものだといわれています。日本では 1990 年代に広がりましたが、当時はバブル崩壊後の長期不況にあえいでいた時期で、多くの企業が従来の能力評価から**成果主義へと転換**していた頃です。ちょうどそのタイミングで、アメリカ式成果主義の手法ということで目標管理制度が紹介されたわけです。

ノルマではなく成長を支えるシステム

　本来ドラッカーが提唱したのは**人事評価ではなく、部下の成長のための**ものでした。上司が部下と面談しながら、今後の会社の方向性と部下の成長目標を摺り合わせ、進捗管理していくものです。しかし、日本では上司とのコミュニケーションがおろそかにされ、単なるノルマの押し付けと結果に対する評価と受け止められ、形骸化してしまったケースが多いようです。私自身、実は前職時代、上司との面談では、できていないことばかり責められる嫌な思い出しかありません。一方で私にも部下がいましたが、面談は年に 1 回だけで「目標は何だったのか」「できたのか、できなかったのか」という確認のみでした。目標管理制度の目的を知らなかったとはいえ、部下の成長を支援できていなかったと申し訳なく思います。

　理想的な目標管理制度は、①導入趣旨を全社員に説明し、上司には必要な研修を行う、②会社の方向性を伝えたうえで、各人の業務目標を設定させる、③期首に目標を設定した時点で面談を実施し、期中は適宜アドバイスをしながら成長を支援し、期末に最終面談を行って来期に向けたフィードバックを行うことです。

　目標管理制度を導入している企業には、面談・フィードバックが重要であることを認識してほしいですね。

◎ 目標管理制度

| STEP 1 | 導入趣旨を全社員に説明。上司に必要な研修を実施 |

| STEP 2 | 会社の方向性を伝え、各人が業務目標を設定 |

STEP 3	期首：目標を設定し、面談を実施
	期中：上司は適宜アドバイスをしながら、成長を支援
	期末：最終面談を行い、来期に向けた助言などフィードバックを行う

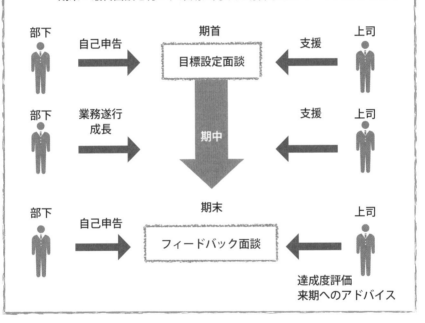

部下　自己申告　期首　目標設定面談　支援　上司

部下　業務遂行 成長　期中　支援　上司

部下　自己申告　期末　フィードバック面談　上司

達成度評価
来期へのアドバイス

📖🖊 ワンポイント

フィードバックのポイントとは？

そもそもフィードとは、「食べさせる」「そそぐ」といった意味です。
つまり、フィードバックには相手に食事や栄養を与えるという意味
合いがあります。フィードバックの際には、相手に栄養を与えるイ
メージで、「できている点」をしっかり評価し、「できていない点」を
指摘して改善を促すようにすることが大事です。

ナレッジ・マネジメント

一人ひとりの暗黙知を集めて形式知に変え、
有効活用して新たな価値を生み出す

　私は年間100日ほど講義や講演を行っていますが、毎回、会場の雰囲気や受講者の表情などからその日の話のつかみや内容を変更しています。また、受講者に話しかける際も、この人なら流れにうまく乗せられそうだと感じ取った人に話しかけます。しかし、どうやって見分けるのかを言葉で説明しようとすると、かなり困難です。このように、経験から身につけた直感的・主観的なノウハウ・知識を**暗黙知**と呼びます。一方、書籍に書かれた知識や言語化・マニュアル化されたノウハウなど客観的なものを**形式知**と呼びます。経営学者の野中郁次郎氏は、**暗黙知と形式知を変換していくプロセスを通じて組織的な知識創造を促進する**モデルとして SECI モデルを考案しました。

実は私たちが無意識にやっている SECI モデル

❶**共同化**：個人が経験を通して暗黙知を蓄積し、その**暗黙知を他者に伝える**段階です。会社の飲み会で成功談を披露したり、アドバイスをしたりすることは、実は暗黙知の経験を伝えている共同化プロセスにあたります。

❷**表出化**：**暗黙知を形式知に変換する**段階です。マニュアルや手順書を作成したり、お互いのやり方や工夫を話し合って言語化したりします。日常の会議で意見を出し合って、議事録にまとめたりするのは表出化のプロセスにあたります。

❸**連結化**：**形式知と形式知を結びつけることで新たな形式知を獲得する**段階です。書籍や資料などを読んで、論文やレポートにまとめ直したりするのは連結化のプロセスにあたります。

❹**内面化**：得られた形式知を、実践や行動を通じた知識に変換する段階です。「知っていること」と「できること」は違うので、頭で理解したことを実行して、**形式知を、新たな自分の暗黙知に変える**プロセスです。

◎ ナレッジ・マネジメント

ナレッジ・マネジメントとは？

個人が持つ知識（ナレッジ、Knowledge）を組織が集積・共有し、
生産性向上などに有効活用する経営手法

ナレッジとは？

❶暗黙知 経験に基づく知識、直感的・主観的なノウハウ
言語化など、明示化されていない

❷形式知 言語や図表などによって客観的に示された（明示化された）
知識・ノウハウ

個人の暗黙知は、そのままにしておくと埋もれかねない
明示化して形式知に変換すれば、組織全体で有効活用でき、価値創出力が上がる

◎ SECI モデル

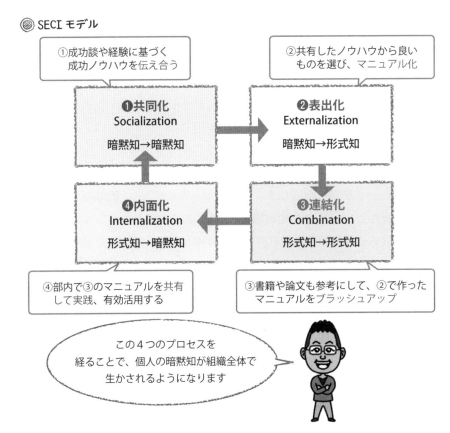

①成功談や経験に基づく
成功ノウハウを伝え合う

②共有したノウハウから良い
ものを選び、マニュアル化

❶共同化
Socialization
暗黙知→暗黙知

❷表出化
Externalization
暗黙知→形式知

❹内面化
Internalization
形式知→暗黙知

❸連結化
Combination
形式知→形式知

④部内で③のマニュアルを共有
して実践、有効活用する

③書籍や論文も参考にして、②で作った
マニュアルをブラッシュアップ

この４つのプロセスを
経ることで、個人の暗黙知が組織全体で
生かされるようになります

15 組織変革プロセス

組織変革を実現するために欠かせない
3つのステップを知っておこう

　企業が存続するためには、環境変化に対応して組織を変革していかなければなりません。しかし、やみくもに変えようとすれば、変化に適応できないばかりか、組織に悪影響を及ぼす可能性すらあります。組織変革を戦略的に実施するためには、①組織変革の必要性を認識すること、②組織変革案の策定、③組織変革案の実施と定着プロセスの3段階が必要です。

3ステップで確実に組織の変革を実現する

❶変革必要性の認識：組織変革を決意するためには、そもそも**環境変化に気づく**ことが不可欠です。そのためには、組織内外で起こっている事象について、生のデータに触れる必要があります。たとえば顧客の声の変化と売上データの関連で仮説を立ててみたり、従業員の勤続年数と離職率の関連を探ってみたりなど、さまざまなデータを多様に解釈することが、組織変革の必要性の認識につながります。

❷変革案の策定：変革の必要性に気づいたら、次は実際に何をどのように変革するのか、変革案を創造します。ここで必要なのは、「**情報の冗長性と最小有効多様性**」（右図）、「**自律的組織単位**」、「**顔を合わせたコミュニケーション**」です。ある程度の多様性を持った、自律的に問題解決に対応するグループが、顔を合わせたコミュニケーションを取りながらさまざまな変革アイデアをつくり上げていきます。

❸変革実施と定着プロセス：変革の実行と定着段階です。組織の変化に伴い、さまざまな抵抗や混乱、対立が生じます。変革によって影響を受ける対象者に前もって説明したり変革案の策定に参加させたりすることで**抵抗を抑え、混乱や対立を未然に防ぐ**ように働きかける必要があります。利害関係がからむため、**トップマネジメントのサポートが不可欠**です。

◎ 組織変革プロセス

> ### ステップ1　変革必要性の認識
> 組織内外で起こっている事象について、生のデータを分析、解釈する

> ### ステップ2　変革案の策定
> 実際に何をどのように変革するのか、策定。「情報の冗長性と最小有効多様性」「自律的組織単位」「顔を合わせたコミュニケーション」がポイント

> ### ステップ3　変革実施と定着プロセス
> 抵抗を抑え、混乱や対立を未然に防ぐように働きかける。
> 利害関係がからむため、トップマネジメントのサポートが不可欠

ステップ2の「最小有効多様性」とは、複雑系の研究などで知られる研究者アシュビーが提唱した概念で、最も効率的であるためには適度に多様であることが重要といった意味です

◎「情報の冗長性」とは

一見ムダなようで実は重要な「情報の冗長性」

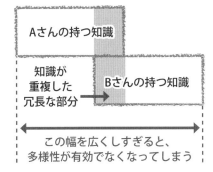

冗長性がまったくない場合

| Aさんの持つ知識 | Bさんの持つ知識 |

共通の知識がないため、議論の際に説明が必要で非効率になる

冗長性がある場合

Aさんの持つ知識

知識が重複した冗長な部分 → Bさんの持つ知識

ある程度共通の知識があるので、細かい説明を省いたりできる

この幅を広くしすぎると、多様性が有効でなくなってしまう

モチベーション理論❶

マズローの欲求段階説

人間に備わっている
5つの欲求をモチベーションに生かす

　あなたが仕事に打ち込むときのモチベーションは何ですか。お金やご褒美が欲しい、尊敬されたい、叶えたい夢があるなど、人によって要因はさまざまだと思います。人間はさまざまな欲求を満たすために働きますが、それをアメリカの心理学者マズローは「欲求段階説」として定式化しました。

　右図のように、①**生理的欲求**、②**安全の欲求**、③**社会的欲求**、④**尊厳の欲求**、⑤**自己実現の欲求**の5段階に人間の欲求を分類し、人間はこの順番で欲求を満たそうとするとしました。たとえば、①生理的欲求が満たされていないときはそれがモチベーション要素になり、一方、生理的欲求が満たされていれば、それはモチベーション要素にならず、次の②安全の欲求がモチベーション要素となります。

人は誰しも「成長したい」と思っている

❶**生理的欲求**：**生存に関わる根源的な欲求**。食べる・寝るなどの生命を維持するための欲求がこれにあたります。

❷**安全の欲求**：**危険を回避したい**という欲求。肉体的な安全だけでなく経済的な安定なども含まれます。

❸**社会的欲求**：**所属と愛の欲求**とも呼ばれます。自分の居場所を見出すこと、他者に必要とされることなど、自分の存在意義に対する欲求です。**友情や愛情**もこれに含まれます。

❹**尊厳の欲求**：他者から尊敬されたい、価値ある存在と認められたい、高い地位や名誉が欲しい、**自尊心を満たしたい**などの欲求です。

❺**自己実現の欲求**：上記①〜④までがすべて満たされた状態で、さらに自分の潜在能力や可能性を追求し**自己を高めたい**という欲求です。なりたい自分に向けて絶え間なく動機づけされると言われています。

◎ マズロー「欲求段階説」

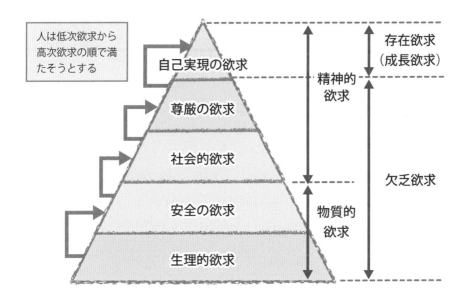

人は低次欲求から高次欲求の順で満たそうとする

自己実現の欲求

尊厳の欲求

社会的欲求

安全の欲求

生理的欲求

存在欲求（成長欲求）

精神的欲求

欠乏欲求

物質的欲求

ワンポイント

「マズローの欲求段階説」でよくある誤解

時折、次のような誤解が見られます。①「上の欲求に移行するには、現段階の欲求を100％満たさなければならない」：マズローは、欲求が低次から高次に移るほど、その割合は小さくなる傾向があると指摘しました。②「高次欲求ほど動機づけが強い」：欲求段階説は欲求の充足順序であり、動機づけの強さは表していません。たとえば生理的欲求は低次欲求ですが、生死に関わるので強く働きます。

モチベーション理論❷

X・Y理論とERG理論

性善説・性悪説に基づくマクレガーのX・Y理論、
現実的なアルダファのERG理論

マズローの欲求段階説をベースに、アメリカの経営学者マクレガーは2種類の人間観に基づいた理論を提唱しました（**マクレガーのX理論・Y理論**）。

1つは、**X理論的人間観**です。人は生まれつき怠け者で仕事が嫌い、命令や強制をされないと能力を発揮せず、責任を回避したがる存在とするもので、**性悪説**の人間観に似ています。これはマズローの**低次欲求に対応**するものです。そのため、アメとムチによる**強制的な管理が必要**だとしています。

もう1つが**Y理論的人間観**です。人は生まれつき仕事が好きで、自ら立てた目標達成のためには努力をいとわず、条件次第では責任を取ろうとする存在だとするもので、**性善説**の人間観に似ています。これはマズローの**高次欲求に対応**するものです。このような人には**命令や強制は逆効果**で、目標を設定させて仕事を任せたり、意思決定に参加させたりすることが効果的です。

アルダファのERG理論

アメリカの心理学者アルダファはマズローの欲求段階説を、より現実的に修正しました。5つの欲求を3つに集約し、**存在欲求（Existence）**、**関係欲求（Relatedness）**、**成長欲求（Growth）**としました。人は**低次欲求から高次欲求（E→R→G）の順で満たそうとする**のはマズローと同じです。しかし、「一度低次欲求が満たされて高次欲求段階になると、欲求は逆行しない（低次欲求では動機づけされない）」と考えたマズローと異なり、高次から低次に逆行したり、複数の欲求が同時に存在したりすることもあると考えた点が大きな違いです。たとえば、職場でやりがいや自己実現などの高次欲求が満たされていない場合、待遇や人間関係などの低次欲求に目を向けることが多くなります。賃金が低いなど低次欲求が満たされていなくても、出世して成功するぞという高次欲求が存在するケースもありますね。

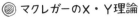

◎ マクレガーの X・Y 理論

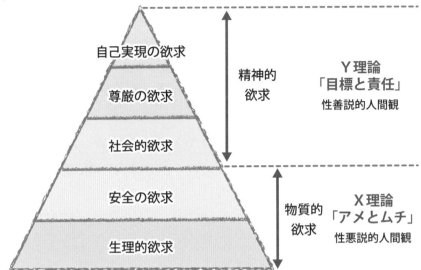

◎ アルダファの ERG 理論

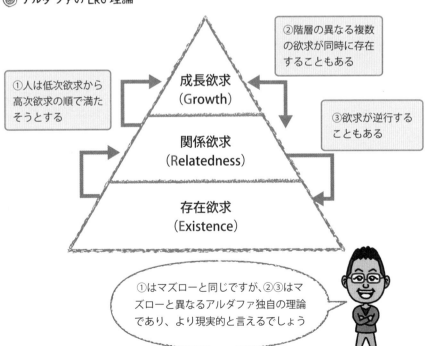

18 モチベーション理論③
未成熟・成熟理論と動機づけ・衛生理論

職務拡大や職務充実のしかけで
社員の成長意欲を刺激する

　アージリスはマズローの欲求段階説をベースにして、人間が**未成熟な状態から成熟に向かう欲求が動機づけ**につながると考えました（アージリスの未成熟・成熟理論）。そして未成熟から成熟するにつれて、**7つの変化**があるとしています。たとえば、受動的だったのが能動的になったり、短期的な視野だったのが長期的な展望を描くようになったり、などです。成長そのものが動機づけになるため、成長意欲がある人には主体的に取り組む仕事を増やす**職務拡大（ジョブエンラージメント）**が有効です。

ハーズバーグの動機づけ・衛生理論

　ハーズバーグは、欲求を**衛生要因**、**動機づけ要因**の2つに分類しました。

　衛生要因は、外部から与えられるもので、職場の環境や人間関係、労働条件などです。たとえば、「給料はなしだ！」と言われたなら、ほとんどの人は働かないでしょう。では逆に、「給料を3倍にする」と言われたら、3倍働くでしょうか。たぶん、喜ぶでしょうが、3倍働くほど動機づけられはしないでしょう。このように、衛生要因は、**不満を防止するための要因であって、満足や動機づけをもたらすことはできない**とされています。

　動機づけ要因とは、個人の内部から生じるものです。責任の重さ、難易度の高い仕事、それをやり遂げたことによる達成感や他者からの承認、自己成長などです。これらは満足感をもたらし、動機づけ、積極的なコミットメントを引き出すとされています。上司から「このプロジェクトを君に任せる。信頼しているよ」と大きな仕事を任され、成功に導けた状況をイメージしてみてください。とてもうれしく、満足感に包まれることでしょう。

　動機づけ要因を刺激するためには、多少難易度が高く、達成度が感じられるような仕事を増やす**職務充実（ジョブエンリッチメント）**が有効です。

◎ アージリスの未成熟・成熟理論

未成熟	➡ 成熟
①受動的	能動的
②依存	独立
③単純な行動	多様な行動
④浅い興味	深く強い興味
⑤短期的な展望	長期的な展望
⑥従属的	対等または優越的
⑦自己認識の欠如	自己認識および自己統制

◎ 動機づけ・衛生理論

衛生要因（外部）

不足すれば不満足を引き起こすもの
充足させても満足にはつながらない

動機づけ要因（内部）

満足を引き起こすもの
動機づけにつながる

**衛生要因・動機づけ要因は
両方必要な要素**

給料を
3倍にするよ！

新しいプロジェクト
を任せるよ

19 リッカートのシステム4と その他のリーダーシップ論

最も優れたリーダーシップとは？ 主要なリーダーシップ論に学ぶ

あなたの周りにいる、優れたリーダーを思い浮かべてください。あなた自身でもいいですよ。その人は、生まれつきリーダーの素質があるのでしょうか。当初、リーダーシップは生まれつきのものだと考えられていました。しかし、その後の研究によって、そうではなく、またリーダーシップにはさまざまなスタイルがあることが明らかにされています。ミシガン大学のリッカートは実証実験を通じてリーダーシップを4つに分類しました。

リーダーシップを4つに分けたリッカートのシステム4

❶独善的専制型（システム1）：**賞罰で厳しく管理し、意思決定はトップダウン**で行われます。従業員を信頼せずに仕事を強制するため、短期的な業績は向上しますが、従業員の満足度が低く、管理者の不在時には怠けたり、非協力的な態度を取るようになったりし、**中長期的にはうまく機能しません。**

❷温情的専制型（システム2）：従業員に温情的に接し、**主従関係で管理**します。従業員をある程度信頼し、賞罰だけでなく報酬も与えますが、いわば恩着せがましいやり方を取り、部下としては恐怖や警戒心を感じます。意思決定は基本的にトップが行いますが、現場の実行段階などでは従業員にも意思決定に参加させる場合があります。

❸相談型（システム3）：従業員をかなり信頼し、コミュニケーションも活発になります。全社的な方向性や戦略問題についての意思決定はトップが行いますが、**現場の個別問題については権限委譲**がなされています。そのため、従業員のモチベーションが高まります。

❹集団参加型（システム4）：従業員を全面的に信頼し、目標設定や意思決定などが組織全体で行われます。コミュニケーションも活発で、**従業員は当事者意識を持ち、満足度や生産性が最も高くなります。**

◉ リーダーシップを4つに分類した「リッカートのシステム4」

		部下への信頼	管理方法	意思決定
システム4	集団参加型	高い	権限委譲	組織全体
システム3	相談型	↕	↕	↕
システム2	温情的専制型			
システム1	独善的専制型	低い	賞罰	トップダウン

最も理想的

◉ リッカートの連結ピン

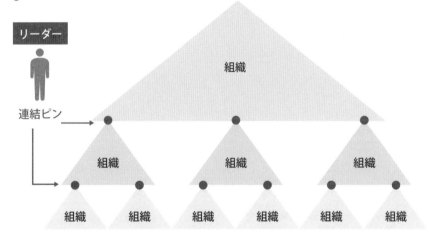

リーダー

連結ピン

組織

組織　組織　組織

組織　組織　組織　組織　組織　組織

ポイント

集団参加型（システム4）では、小集団のリーダーが
上と下の組織をつなぐ連結ピンの役割を果たすことが大切

コミュニケーションや意思決定を円滑に実行できる

リッカートの連結ピンモデル

　リッカートの実証実験により、システム４型のリーダーシップスタイルを取ることで、中長期的に業績が向上することが明らかになりました。システム４では、組織全体で意思決定が行われるという前提なので、組織を細分化した小集団をつなぐ**連結ピンの役割が重要**だとされています。**小集団のリーダーが上位組織との間で連結ピンの役割を果たすことで、コミュニケーションや意思決定を円滑に実行できる**としています（97ページ図）。

その他のリーダーシップ理論

　レビンは、リーダーシップを３つのスタイルに分類しました。

❶**放任型**：組織としてのまとまりがなく、**仕事の質・量、従業員の集中力や意欲が最も低い**レベルです。

❷**専制型**：**リーダーがすべてを決定**し、従業員は従うだけの組織です。短期的には最も生産性が高いですが、長期的にはうまくいきません。

❸**民主型**：**リーダーが従業員と協調**しながら方向を示す組織です。短期的には専制型より生産性が低いですが、長期的には生産性が高まります。

　レビンは③民主型リーダーシップを最も優れているとしましたが、実務上は組織の成熟度合いに合わせてリーダーシップスタイルを使い分けるほうがよいとされています。

　オハイオ州立大学のシャートルは、リーダーの行動観察調査やインタビューを行いました。その結果、リーダーはさまざまな行動を行っていましたが、その大半が**配慮**と**構造づくり**の２つに集約されました。

　配慮とは、**組織のメンバー同士で信頼関係を結び、よりよい人間関係を維持しようとする行動**です。

　構造づくりとは、**組織目標を達成できるように環境を整え、組織メンバーの管理を徹底する行動**です。

　民主的なリーダーによって配慮と構造づくりがなされた職場なら、とても働きやすいでしょうね。

◉ レビンの３つのリーダーシップ

リーダーシップ スタイル	仕事の質	仕事の量	職場の雰囲気
❶放任型	△	△	△
❷専制型	△	○	×
❸民主型	◎	○	◎

レビンは③民主型を最も優れているとしましたが、実務上は組織に合わせて使い分けるのがよいとされています

◉ シャートルの研究

優れたリーダーに必要な２つの要素

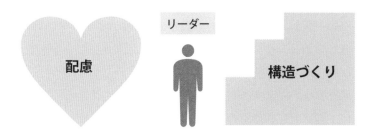

リーダー

配慮

構造づくり

部下への気配り
人間関係を良くする心づかい
信頼関係
　　　　　など

目標達成のための環境整備
仕事の割り当て
指示・命令
業績への厳しいこだわり
　　　　　など

PM理論と
マネジリアルグリッド

三隅二不二やブレイク&ムートンが
成果と人望のバランスからリーダーシップを分析

三隅二不二(みすみじゅうじ)氏は、リーダーの行動をP機能（Performance）とM機能（Maintenance）の2軸で分類したPM理論を提唱しました。

P機能とは、業績達成をするために目標設定や計画立案を行い、メンバーに対して**指示・命令や叱咤を行うことで成果を上げる**リーダーシップスタイルです。M機能は、人間関係のメンテナンス、つまりメンバーの関係性を良好にして**円滑なチームワークを引き出す**リーダーシップスタイルです。

PM型、Pm型、pM型、pm型の4つに分類され、大文字は機能が優れていることを表しています。つまり、PM型が最も優れたリーダーシップスタイルとされています。

ブレイク&ムートンのマネジリアルグリッド

PM理論と似たリーダーシップの分類として、ブレイクとムートンの「マネジリアルグリッド」があります。「業績への関心」と「人間への関心」の**2軸でリーダーシップのスタイルを分類**していますが、その2つの軸をそれぞれ9段階に分割し、全部で81タイプの組み合わせとなっています。PM理論の4分割と比べると、かなり細かいですね。これらの81タイプの中から、5つの典型的なパターンが取り上げられています。

消極型（1・1型）：責任回避をし、指示された最低限のことしかしないタイプ。

人間中心型（1・9型）：職場の雰囲気や人間関係を重視し、業績がおろそかになるタイプ。

仕事中心型（9・1型）：業績を重視し、人間関係がおろそかになるタイプ。

中庸型（5・5型）：妥協型、無難型。どちらも中途半端なタイプ。

理想型（9・9型）：業績と人間性の両面でバランスの取れた理想的なリーダー。このようになりたい、またはこんなリーダーに導かれたいですね。

◎ PM 理論

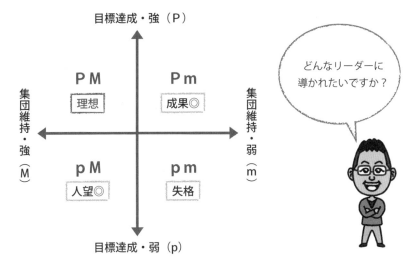

◎ マネジリアルグリッド

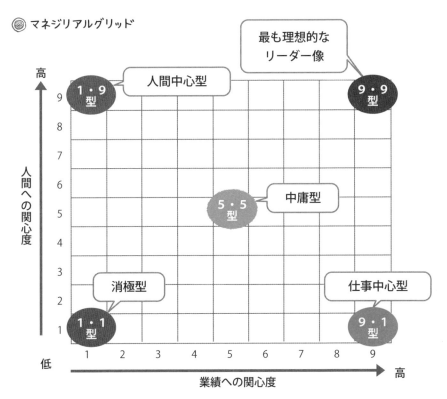

21 LPC尺度とSL理論

状況によって
優れたリーダーシップのあり方も変わる

　職場であなたが最も苦手な仕事仲間をイメージしてみてください。ただし、「嫌いな人」ではなく、仕事（共同作業）をするうえで、一緒に業務遂行するのが難しいなと思う人にすることがポイントです。その人の仕事上の能力や人材価値をどう見積もりますか。苦手だから低く評価するか、苦手だけど仕事はできるので高く評価するか、いろいろな考え方があるでしょう。

　このように仕事上で苦手な人についていくつかの質問を行い、得点をつけて評価したものを **LPC**（Least Preferred Co-worker）**得点**といい、**評価に感情を持ち込む程度**を表しています。たとえばこの得点が低い場合（**低LPC**）は、感情を持ち込まずに相手の能力や仕事を評価しており、得点が高い場合（**高LPC**）は感情で評価していることになります。

リーダーのタイプによって適した状況がある

　LPC得点の高低がリーダーシップの優劣を示すわけではありません。フィードラーは、実証実験を通して**3つの状況設定に合わせたリーダーシップ**を提唱しました。①部下との信頼関係が良い・悪い、②仕事の構造が単純・複雑、③リーダーの権限が強い・弱い、という両極の状況においては、低LPC（仕事中心型）のリーダーシップが適しているとしました。たとえば、仕事の目標設定が明確になっていて、リーダーの権限があれば目標に向けて仕事中心に進めたほうが高い成果が出やすいでしょう。

　一方、①部下との信頼関係、②仕事の構造、③リーダーの権限がそれぞれ中程度の状況であれば、高LPC（人間関係重視型）のリーダーシップが適しているとしました。たとえば、目標や仕事内容が明確化されていない場合には、やみくもに仕事に邁進するよりも働きやすい環境や人間関係づくりに着目したほうが高い成果を出しやすいとされています。

◎ LPC尺度

LPC得点
＝仕事上の評価に感情を持ち込む程度

低い　　　　　　　　　　　　　　　　　　　　　高い

感情を持ち込まずに、能力や仕事を捉えて評価している

評価に感情が入っている

◎ フィードラーのコンティンジェンシー理論

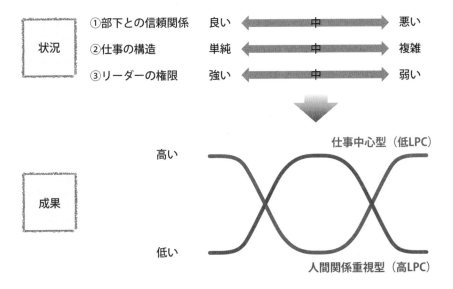

状況

①部下との信頼関係　　良い　←　中　→　悪い
②仕事の構造　　　　　単純　←　中　→　複雑
③リーダーの権限　　　強い　←　中　→　弱い

成果

仕事中心型（低LPC）

高い

低い

人間関係重視型（高LPC）

このように環境が異なれば有効な経営組織も異なるという立場の理論をコンティンジェンシー理論（環境適応理論）といいます。

ハーシーとブランチャードのSL理論

ハーシーとブランチャードは、**SL理論**（Situational Leadership）を提唱しました。直訳すると、**「状況に応じたリーダーシップ」**ですね。フィードラーと同様に、リーダーシップは状況によって変わるとしていますが、ここでいう状況とは**フォロワー（部下）の成熟度**です。たとえば、新入社員に対するリーダーシップのあり方と、勤続20年のベテラン社員に対するリーダーシップのあり方は当然異なることが想定できるでしょう。

そこで、**縦軸に「支援的行動」、横軸に「指示的行動」を取り、4つのリーダーシップスタイルに分類**しました。**支援的行動**とは、相談に乗ったり協力やアドバイスを行ったりする等の仕事上のサポートです。**指示的行動**とは、指示・命令を行うことです。

4つのリーダーシップスタイル

❶S1「**指示型**」：部下の成熟度が低い場合、具体的に細かい指示・命令を行い、進捗管理を行います。新入社員への対応がこれにあたるでしょう。

❷S2「**説得型**」：部下の成熟度が少し高まった場合、仕事の意味や必要性、価値観などを共有し、あわせて業務指示も行います。ひととおり業務を経験した2～3年目社員への対応がこれにあたります。

❸S3「**参加型**」：部下の成熟度が十分に高まった場合、仕事のスキルは十分なので細かい業務指示は不要になります。ただ、すべてを任せるには不十分なため、コミュニケーションを取りつつ支援します。伸び悩んでいる中堅社員への対応がこれにあたります。

❹S4「**委任型**」：部下の成熟度が完全に自立レベルの場合、細かい業務指示をせずに任せます。特に支援もせず、進捗状況だけ把握して見守ります。意欲の高いベテランに対する対応です。

このように、成熟度に合わせてスタイルを変化させることが理想的です。

SL理論

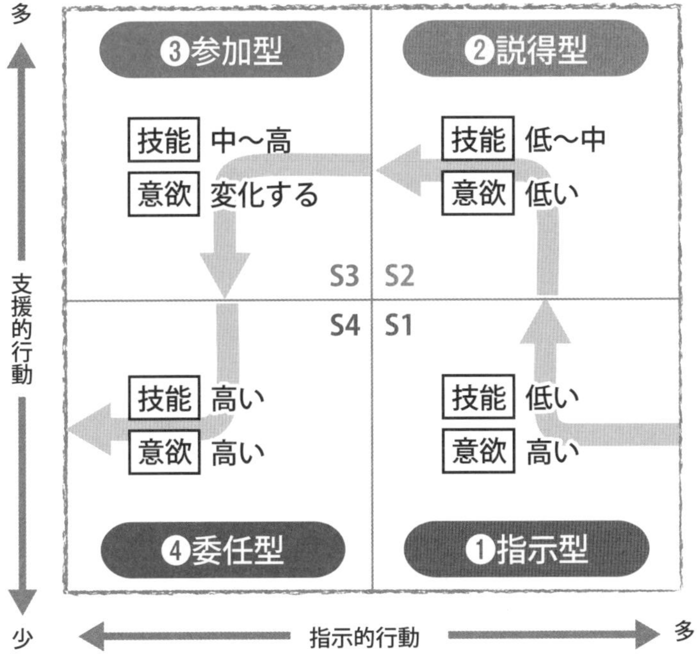
多
支援的行動
少
指示的行動
多
③参加型
②説得型
技能 中～高
意欲 変化する
技能 低～中
意欲 低い
S3
S2
S4
S1
技能 高い
意欲 高い
技能 低い
意欲 高い
④委任型
①指示型

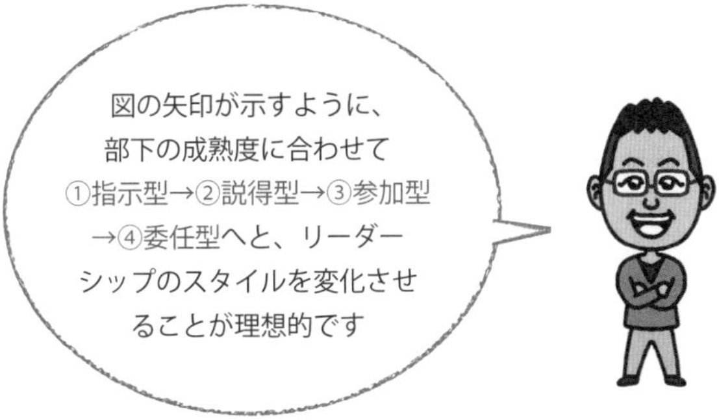
図の矢印が示すように、
部下の成熟度に合わせて
①指示型→②説得型→③参加型
→④委任型へと、リーダー
シップのスタイルを変化させ
ることが理想的です

ワンポイント

最も優れたリーダーシップは？

ここまで紹介してきたように、さまざまなリーダーシップ理論が存在しています。研究者が実証実験を重ねて導き出した理論ですが、結局のところリーダー自身やメンバー、周りの状況などによってリーダーシップは変えるべきだというのが個人的にはしっくりきます。

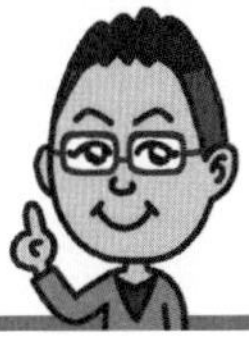

SL理論と山本五十六
〜あの有名な格言はSL理論の先駆けだった!?

「やってみせ　言って聞かせて　させてみて　誉めてやらねば　人は動かじ」（I）という山本五十六海軍大将の格言を目にしたことのある方は多いでしょう。実は、2つの続きの文言があるのをご存じですか。

「話し合い　耳を傾け　承認し　任せてやらねば　人は育たず」（II）

「やっている　姿を感謝で　見守って　信頼せねば　人は実らず」（III）

いかがでしょうか。どれもなるほどと考えさせられる言葉ですね。

SL理論との類似性

SL理論（104ページ）では、状況に応じた理想的なリーダーシップを4つに分類しています（下図）。

ここで、改めて山本五十六の格言を見ると、格言Iは①指示型から②説得型にかけての段階であるような気がしませんか。SL理論の図では右側部分になります。部下が成長してくると、②説得型・③参加型での話し合いが生じますが、まさに格言IIに該当していますね。図では上部になります。最終的に④委任型になりますが、これは格言IIIですね。委任して感謝で見守るわけです。図では左下部分です。

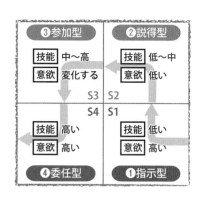

もちろん、SL理論は山本五十六よりも後に提唱されていますので、五十六自身は理論を知る由もないですが、経験的に部下の成長に合わせたリーダーシップのあり方に気づいていた点は特筆すべきことであり、それがまさに格言といわれるゆえんなのでしょう。

第 3 章

マーケティング・流通

マーケティングの概要と関連知識、
サービスマーケティングや顧客管理に関する
基礎知識を学びます

マーケティングとは？

製品・サービスが売れる
仕組みづくり

　どんなに優れた技術や機能を盛り込んだ製品やサービスであっても、適切なマーケティング活動を実施しなければ、市場に受け入れられないでしょう。特に現代社会は市場ニーズが多様化・複雑化していますので、企業にとって市場に受け入れられる製品やサービスをどのように作りこむかがとても重要な戦略目標になります。

　もともとマーケティングはアメリカで体系化された概念で、**どのように「売れる仕組み」を作るのかを研究する学問**として発展してきました。マーケティングが体系化される前は、需要が供給を上回っていましたので、「いかに大量に作るか」という観点で生産力のアップに注力し、市場はほとんど意識されていませんでした。その後、供給が需要を上回るようになって初めて市場が意識され、販売の仕組み作りに注力するようになったのです。

マーケティングの基本原則

　販売をするにあたって、**①どの市場に（誰に）、②どのような製品を（何を）、③どのような価格で、どのような流通ルートで、どのようなプロモーションで（どのように）提供していくのかを決めること**が必要です。市場の成長変化や複雑化、情報技術の進歩などによってさまざまな販売手法が考えられてきましたが、上記の３つのポイントを基軸にしたマーケティングの基本原則は変わりません。

　市場に着目して顧客ニーズを把握し、自社の強みが活かせるターゲットを選択したうえで、ターゲットに合わせた製品やサービス、価格帯や提供方法、販売促進方法などを考えていくのがマーケティングの基本原則になります。これらの各要素はマーケティング・ミックス（114ページ）と呼ばれています。

◉ マーケティングの基本原則

 ❶どの市場に

 ❷どのような製品を

特長 ～
¥ ～

ニーズを把握
ターゲットを選択

ターゲットに合わせた製品、
サービス

 ❸どのような方法で

ターゲットに合わせた
販売促進方法

> マーケティングの基本原則として
> 「誰に」「何を」「どのように」を考慮
> することは、戦略ドメイン（28ページ）
> の3つの要素の考え方と同じですね！

ワンポイント

マーケティングのポイントは「調べて・狙って・創りだす」

顧客のニーズや市場の特性をしっかり調査し、顧客満足の所在を確認します。もちろん、顧客は誰でもよいわけではなく、自社の強みが活かせる顧客を狙うことが重要です。そして、どのようにすればその顧客を満足させられるのか、さまざまな手段を組み合わせて最適な方法を見出し、市場を創り出していくのです。

02 マーケティング戦略の基本 STP

マーケティング戦略の第一歩
STPを押さえて成功に近づこう

「どんなお客さんに来てほしいですか」。私は起業相談を受けると、必ずこの質問をします。「誰でもいいから買ってほしい」という返事でしたら、起業はやめたほうがいいですよと、やんわりアドバイスします。**STP の設定が曖昧なまま起業してしまうと、ほぼ間違いなく挫折するからです。**

STP とは、①**セグメンテーション**（Segmentation：**市場細分化**）、②**ターゲティング**（Targeting：**絞り込み**）、③**ポジショニング**（Positioning：**位置づけ**）を表します。**マーケティング戦略の基軸となる要素**です。

❶**セグメンテーション（市場細分化）：** 日本でビジネスを始める場合、個人客が相手と考えれば人口は 1 億人以上いますし、企業相手と考えれば企業数は 400 万社弱あります。それらすべてを対象とするのは事実上不可能ですし、あまりにも非効率です。そこで、**どの層を相手にビジネスするか考えながら、市場を切り分ける**（市場細分化）必要があります。切り分け方には、さまざまな基準があります（112 ページ）。

❷**ターゲティング（絞り込み）：** 細分化した市場のうち、**具体的にどの層をターゲットにするのか**を決定します。自社の強みが生かせるのか、競合他社と差別化できる付加価値が提供できるのか、市場規模はビジネスとして成立するのか、今後の成長可能性はあるか、予想される問題点や脅威はあるか、などを多面的に判断し、絞り込みを行います。

❸**ポジショニング（位置づけ）：** ターゲットが決まったら、その**ターゲットに対してどのような付加価値を提供していくのか**、同業他社と比較して自社の位置づけを決定します。たとえば高級路線か低価格路線か、オーダーメードか標準品か、品揃えは幅広いか狭く深いか、などです。

STP を決めることで、その後に展開するマーケティング・ミックス（114 ページ）が変わります。

◎STP の手順

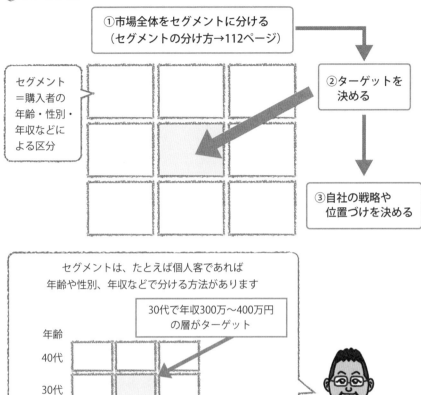

①市場全体をセグメントに分ける
（セグメントの分け方→112ページ）

②ターゲットを決める

③自社の戦略や位置づけを決める

セグメント＝購入者の年齢・性別・年収などによる区分

セグメントは、たとえば個人客であれば年齢や性別、年収などで分ける方法があります

30代で年収300万〜400万円の層がターゲット

年齢
40代
30代
20代

200万円〜 300万円〜 400万円〜 年収

ワンポイント

どの市場をターゲットにして製品を販売するか？　5つの選択肢

経営学者エーベルは5つのターゲティング戦略を提唱しました（エーベルの標的／ターゲット市場）。①単一セグメント集中型：経営資源を1つのセグメントに集中させます。②製品専門型：特定の製品に特化し、複数の市場に販売します。③市場専門型：特定の市場に絞り込み、複数の製品を販売します。④選択的専門型：いくつかの製品と市場を選択し、リスク分散を図ります。⑤全市場浸透型：全製品と全市場をカバーします。

セグメンテーション（市場細分化）

4つの基本軸を組み合わせて
ターゲットにする顧客層を定める

　あなたがラーメン店を開業するとしたら、どのような顧客層をターゲットにしますか。それを考えるためには、次のように、市場全体を何らかの基準に沿って分類する必要があります。

①性別で分類　→　男性向けにガッツリ大盛系にするか、女性向けにヘルシー路線にするか。

②年齢層で分類　→　若い人向けにコッテリ背脂系にするか、中高年向けにサッパリした胃に優しい系にするか。

③所得で分類　→　高所得者向けに高級ラーメンにするか、あまりお金がない学生向けに低価格で食べられるシンプルなラーメンにするか。

④立地で分類　→　駅前に出店して通勤通学の客層を狙うか、ロードサイドに出店して車でアクセスする人を狙うか。

　このように、**どの層を相手にビジネスするか決定するために、市場全体を切り分ける**ことを市場細分化（セグメンテーション）といい、4つの基準があります。これらを組み合わせることで、自社のビジネスに合った顧客層を特定することが重要です。

❶人口動態基準：年齢や性別、社会的地位や学歴、所得や職業など、**人口統計や国勢調査などで得られる属性**を基準とする分け方です。

❷地理的基準：都道府県、居住地域、気候や人口密度、ある地点からの距離など、地図上に描くことができる属性を基準とする分け方です。

❸心理的基準：**顧客層の内面、心理的な側面**を基準とします。アウトドア派、グルメ好きなど、ある価値観やライフスタイルなどに着目する分け方です。

❹行動変数基準：**製品に対する顧客層の反応**を基準とします。購買状況や使用率、知識や態度などです。たとえば、必ず○○ブランドを買う層、毎朝○○を食べる層など、製品に対する行動に着目します。

◎ 市場分化基準

細分化基準	区分例
❶人口動態基準	年齢・性別・学歴・所得・社会的地位・職業など統計調査のデータ
❷地理的基準	国・都道府県・気候・人口密度など地図上のデータ
❸心理的基準	価値観・ライフスタイル・好き嫌いなど消費者の内面・心理面
❹行動変数基準	製品知識・態度・購買状況・使用率・ロイヤルティ（忠誠心）などの行動様式

◎ ターゲット顧客層の決め方

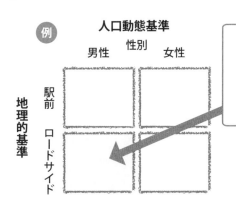

ターゲットは 車でアクセスする男性

→ トラックやタクシーのドライバーも満足するコッテリ、スタミナ系のラーメンに！

４つの市場細分化基準を組み合わせて、自社のビジネスに合った顧客層を特定することが重要です

マーケティング・ミックスの4P

4つのPを組み合わせ
ベストなマーケティング戦略を生み出そう

「マーケティング」と聞くと、何をイメージしますか。セミナーで質問すると、大抵、「調査する」「アンケートを取る」など、消費者ニーズを調査することがマーケティングだと考える方が多いのです。確かにそれらもマーケティングの一部ですが、ほかにも多くの要素があります。マーケティングという単語自体、そもそも「マーケット＋〜ing」、つまり**市場に何らかの働きかけをすること**を表しているので、メーカーや小売業などにおける行動のほとんどはマーケティングに直結していると言えます。これらさまざまな企業行動を4要素にまとめたものが、**マーケティング・ミックスの4P**です。

業種によって異なる4P

　一般的に4Pというと、まず、製造業の4Pを指します。

❶製品戦略（Product）：どのような製品をどのようにつくるのかを検討します。ブランドづくりなどもここに含まれます。

❷価格戦略（Price）：製品にどういう価格をつけるか、または決まった価格に対して製品をどうつくり込むかを検討します。価格設定には主に3つの方法があり、またそのほかにも、人間の心理に訴えるなど、さまざまな手法があります。

❸流通チャネル戦略（Place）：流通チャネルとは、**販売ルート**（販路）のこと。どのような販売ルートで製品を流通させるのかを検討します。

❹プロモーション戦略（Promotion）：プロモーションとは、**販売促進**（販促）のこと。どのように売上を伸ばしていくのかを検討します。**顧客を引きつける**プル戦略と、**顧客に直接アピールする**プッシュ戦略に大別されます。

　ターゲットによって、最適な製品や価格帯、流通ルート、プロモーション方法は異なります。企業はこれらを組み合わせて差別化を図ります。

◎ マーケティング・ミックスの4P

製品の種類、特徴、品質、ブランドなど

価格設定、価格変更、割引など

❶製品戦略 (Product)

どのような製品をどのようにつくるのか

❷価格戦略 (Price)

製品にどういう価格をつけるか、または決まった価格に対して製品をどうつくり込むか

❹プロモーション戦略 (Promotion)

どのように売上を伸ばしていくのか

❸流通チャネル戦略 (Place)

どのような販売ルートで製品を流通させるのか

広告、キャンペーン、パブリシティ（マスメディア活用）、販売員の募集・育成・評価など

流通経路、流通業者、輸送方法など

「マーケティング」と聞くと難しそうですが、「ターゲット顧客に対する4つのPの組み合わせ」と考えるとシンプルで面白そうでしょう？

📖 ワンポイント

業種によってマーケティング・ミックスの要素は変わる

上の図に示した4Pの内容は製造業の例です。たとえば小売業なら、製品戦略の代わりに「品揃え戦略」に、流通チャネル戦略は「立地戦略」になります。このように、業種によってマーケティング・ミックスの要素は変化します。

05 製品戦略Ⅰ　消費財の4分類

まずは製品が消費財の
4つの分類のどれに当てはまるかをつかもう

　私たちのまわりにはさまざまな製品があふれています。まず、物理的特性で製品を分類すると、有形財と無形財になります。**無形財は目に見えないもので、いわゆるサービスのことです**。有形財はさらに、**消費財**、**生産財**に分類されます。**生産財は、製造業がものづくりをする際の機械設備や原材料、消耗品**などです。一方、私たち消費者がふだん目にしているのは消費財です。

消費財の分類とそれぞれの特徴

❶最寄品：わざわざ遠くまで行かずに最寄りの店舗で購入するような商品です。たとえばパンや牛乳、ボールペンなどを買うために、徹底的に情報収集したり遠出して探し出したりすることはあまりないでしょう。こうした**購買頻度が高く、日常生活で消費される**食料品や日用雑貨などが最寄品です。

❷買回品：購買頻度が最寄品よりも低い衣料品などです。複数の店舗を回って**比較検討しながら購買決定**されます。たとえば、洋服を売っている店舗はショッピングモールなどに集まっていることが多いですが、これは買い回ることを前提として巡回しやすいようにしているからです。

❸専門品：**購買頻度がきわめて低いため、消費者の知識が乏しい商品**です。そのため、購買決定までにさまざまな情報収集や努力を行います。たとえば車や住宅などの購入をイメージすると、わかりやすいでしょう。衝動買いすることはまずありえません。じっくり担当者の話を聞き、試乗や内覧を繰り返し、ネットの情報や知人の口コミ、評判なども徹底的に調べたうえで購買決定に至ります。

❹非探索品：**消費者が自分からは探さない、興味を示さない商品**です。たとえば墓石や生命保険など、他者から勧められなければなかなか購入しようとは思わないような商品です。

◎ 製品の分類と特徴

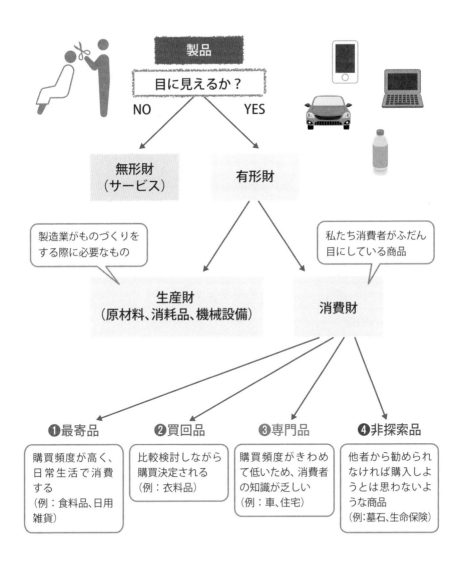

製品

目に見えるか？

NO ← → YES

無形財（サービス）　**有形財**

製造業がものづくりをする際に必要なもの

私たち消費者がふだん目にしている商品

生産財（原材料、消耗品、機械設備）　**消費財**

❶最寄品
購買頻度が高く、日常生活で消費する（例：食料品、日用雑貨）

❷買回品
比較検討しながら購買決定される（例：衣料品）

❸専門品
購買頻度がきわめて低いため、消費者の知識が乏しい（例：車、住宅）

❹非探索品
他者から勧められなければ購入しようとは思わないような商品（例：墓石、生命保険）

製品戦略Ⅱ
ブランドの４つの機能

他の製品との違いを前面に打ち出すことで
得られる４つの効果

　ブランドを英語で書くと Brand ですが、もともとはどんな意味かご存じですか。これは「焼き印・烙印を押す」という意味です。

　たとえば広大な牧場で牛を飼っていて、隣の牧場の牛と自分の牛を区別して見分けられるようにするために焼き印を押していた時代がありました。そこから転じて、ブランドが**他社の商品と自社の商品を区別できるようにつけられた特徴や名前**のことを表すようになりました。さらに、当初は区別するためのものだったブランドに**さまざまな機能が付加**されることになります。

ブランドの機能

❶**識別機能**：他の製品との違いを出す・差別化することができるという、ブランド本来の機能です。

❷**出所表示機能**：ブランドのメーカーや販売業者が明確になることにより、消費者がブランド選択をしやすくなります。また、そのブランドのファンによる反復購買が期待できます。

❸**品質保証機能**：ブランドの名称によって、その製品の品質が判断できるようになることです。たとえば、よく知っているブランドの会社の製品なら安心して購入できるというような場合です。

❹**意味付け・象徴機能**：ブランドが持つイメージにより、購入者がステータスを感じたり、満足感を得たりすることです。たとえば、高級ブランドバッグや時計、車のブランドを思い浮かべてください。持っているだけで、セレブ・お金持ち・成功者などのイメージが付与された気分になるでしょう。

　このように、もともとは識別するためだったブランドが、さまざまな機能を持つことによって、企業のマーケティング戦略にも大きな影響を与えるようになったのです。

◉ ブランドの機能

❹意味付け・象徴機能
購入者がステータスを感じたり、
満足感を得たりする

❸品質保証機能
製品の品質が判断
できるようになる

高級
ブランド時計

高級
ブランド
バッグ

高級
ブランド服
A BRAND

❶識別機能
他の製品との違いを出し、
差別化ができる

❷出所表示機能
メーカーや販売業者が明確にな
ることにより、消費者がブラン
ド選択をしやすくなる

ブランド製品には、一目で
そのブランドだとわかるように、
マークやロゴが付いていることも
多いですね

📖 **ワンポイント**

企業がブランドを構築する際のポイント

ブランドをつくる際には次の3つのポイントが重要です。①ブラン
ドネーム：親しみやすく覚えやすい、意味が伝わりやすい名前か。
②ロゴマーク：わかりやすいか、伝わりやすいか、製品やサービス
の特徴を反映しているかなど。③パッケージ：製品を守れるか、持
ちやすい・運びやすい形状か、販売促進につながりそうかなど。

製品戦略Ⅲ　ブランド戦略

新製品にとって最適な戦略はどういうものか？
4つの基本戦略から選び出そう

　戦略的にブランドを展開していく際、**製品カテゴリーとブランド名の組み合わせによって、4つの戦略に分ける**ことができます。ブランドの知名度やイメージ、製品の特性などを考慮して、企業はさまざまな戦略を選択しています。

❶ライン拡張戦略：既存製品と同じカテゴリー内で生み出された新製品に、既存のブランド名を適用する戦略です。

　たとえば、カップラーメンのサイズを大盛にしたり、スナック菓子の風味を変更した新たな製品について、「ブランドA大盛」「ブランドB○○味」などのように、ブランド名をそのままつけることがあります。ある程度知名度があるブランドの場合は、顧客が手に取りやすく、浸透しやすいというメリットがあります。しかし、仮に新製品が売れなかった場合、既存ブランドにも悪いイメージがついてしまうデメリットがあります。

❷ブランド拡張戦略：既存製品とは異なるカテゴリーの新製品に、既存のブランド名を適用する戦略です。たとえば、コーヒー飲料のブランドを持つ企業が新たにコーヒー味のガムを開発して同じ名前をつける場合や、石鹸ブランドを持つ企業が新たにシャンプーやリンスを開発して同じ名前をつける場合などです。製品は異なりますが、ブランドの名前から新製品の特徴が伝わりやすく、信頼感から購入してもらいやすくなります。

❸マルチブランド戦略：既存の製品カテゴリー内で生み出された新製品に、別のブランド名をつける戦略です。ブランド名が異なるので、違う製品と認識されます。そのため、既存製品から顧客が流出するリスクがありますが、仮に売上不振だったとしても、既存のブランドには影響がありません。

❹新ブランド戦略：既存製品とは異なるカテゴリーの新製品に、既存とは異なる新しいブランド名をつける戦略です。

ブランドの基本戦略

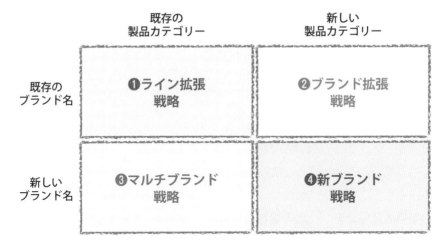

	既存の 製品カテゴリー	新しい 製品カテゴリー
既存の ブランド名	❶ライン拡張 戦略	❷ブランド拡張 戦略
新しい ブランド名	❸マルチブランド 戦略	❹新ブランド 戦略

ブランド戦略の主なメリット・デメリット

	メリット	デメリット
①ライン拡張戦略	顧客が手に取りやすく、浸透しやすい	新製品が売れなかった場合、既存ブランドにも悪いイメージがついてしまう
②ブランド拡張戦略	ブランド名から製品の特徴が伝わりやすく、信頼感から購入してもらいやすい	既存ブランドの製品カテゴリーと、あまりにかけ離れた製品にブランド拡張すると、既存ブランドのイメージが曖昧になってしまう（ブランドイメージの希釈化）
③マルチブランド戦略	売上不振だったとしても、既存のブランドに影響がない	既存製品から顧客が流出するリスクがある

価格戦略

期待する成果を実現するために
知っておくべき価格設定のコツとは？

　もしあなたがラーメン店の価格設定をするとしたら、どのような値段のつけ方をしますか。「材料費＋利益」のほかにも「家賃＋人件費」や「他店の平均価格」など、さまざまな観点があることに気づくでしょう。ここでは、メーカーや小売店が商品に値段をつけるときの方法をいくつか紹介します。

❶初期高価格戦略（**上澄み吸収価格戦略**）：新製品に最初はあえて高い値段をつけ、早期に研究開発費の回収を図ります。その後、売れ行きを見ながら徐々に値下げを行います。

❷初期低価格戦略（**市場浸透価格戦略**）：新製品の価格を意図的に低く設定し、一気に市場シェア獲得を狙う戦略です。**規模の経済が働く、潜在顧客が多い製品に向いている**戦略です。

❸コストプラス法：製品をつくるのにかかるコストに、一定の利益をプラスした値付け法です。損をしない値段のつけ方ですね。

消費者の心理に着目した価格設定

　上記以外にも、消費者の心理に訴えかける価格設定法があります。

❶端数価格：198円、990円など、あえて端数にすることで**安いと錯覚させる**価格設定です。スーパーや量販店などでよく見かけますね。

❷慣習価格：缶ジュースやペットボトル飲料など、**消費者が慣習的に価格を知っている商品**は、それに合わせた価格設定にする方法です。もし、慣習価格よりも高くすると、売れ行きが悪くなります。

❸威光価格（**名声価格**）：あえて高い価格をつけてステータスを保つ方法です。高級ブランドなどに適用されます。ある水準以下に値下げすると、売れ行きが悪くなります。

◎ 価格設定の考え方

材料費
水道光熱費
人件費
家賃
広告宣伝費

ラーメン1杯をつくるのに
かかるコストは？
儲けは？
他店の平均的な価格は？

◎ 価格戦略

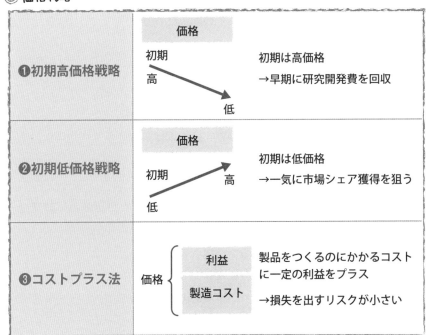

❶初期高価格戦略	価格 初期 高 低	初期は高価格 →早期に研究開発費を回収
❷初期低価格戦略	価格 初期 高 低	初期は低価格 →一気に市場シェア獲得を狙う
❸コストプラス法	価格 { 利益 / 製造コスト	製品をつくるのにかかるコスト に一定の利益をプラス →損失を出すリスクが小さい

その他の価格設定方法

　ほかにも、製品の組み合わせや種類に関連した価格設定方法があります。

❶**抱き合わせ（セット）価格戦略**：複数の製品やサービスを組み合わせてセット価格にしたもの。単品購入よりもお得にして、購買意欲を刺激します。

❷**プライスライニング戦略**：プライス（価格）ライン（線）という概念です。商品ごとにばらばらな値段では管理が大変です。そこで、**商品群ごとに価格を統一する価格設定方法**を取ることがあります。たとえば、Tシャツはすべて980円にしたり、100円ショップのようにすべてを100円のプライスラインにしたりする戦略です。ほかにも、和食の店やうなぎ店で「松・竹・梅」という3つのプライスラインに設定するケースなど、さまざまな業態で応用されています。

❸**キャプティブ価格戦略**：キャプティブとは、「拘束される・囚われる」という意味です。本体と付属品に分かれる形式の製品において、**本体を低価格に設定してシェアを確保し、付属品を高価格にする**ことで収益を得るしくみです。たとえばプリンターとインク、家庭用ゲーム機とゲームソフトの関係などに見られます。本体を買うと、その製品に拘束されるように見えるところから名づけられました。

❹**EDLP 政策戦略（Everyday Low Price）**：広告宣伝費などをカットし、かわりに**毎日すべての商品を安く販売する**戦略です。来店客数が安定し、店舗オペレーションも標準化しやすいというメリットがあります。

❺**ハイ・ロー戦略**：EDLP 戦略の逆で、**日によって商品価格を上げたり下げたり**する戦略です。たとえば、スーパーのチラシで特定商品を安売りすること（特売品）を知らせ、顧客を引き付ける方法があります。

❻**ロスリーダー戦略**：赤字レベルの低価格設定をした**目玉商品（ロスリーダー）**を用意し来店客を多数集め、**それ以外の商品も同時購買させよう**という戦略です。チラシに「限定○名　△円」のようにうたうケースが多いです。

　このように、価格設定方法は多岐にわたります。値付けは収益に直結するので、価格設定方法を見ると、その企業の戦略を読み取ることができます。

◎ プライスライニング戦略

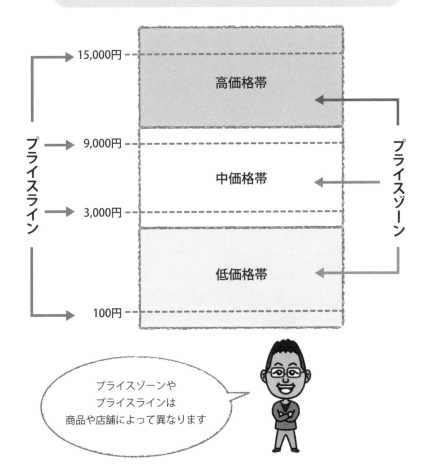

商品群ごとに一定価格に統一する

プライスライン

15,000円 ——— 高価格帯

9,000円 ——— 中価格帯

3,000円 ———

100円 ——— 低価格帯

プライスゾーン

> プライスゾーンや
> プライスラインは
> 商品や店舗によって異なります

📖✒️ ワンポイント

価格には品質判断を促す機能がある

消費者が自分の知らない製品や知識のない商品など、価格以外で品質の判断がしにくい場合に、「低価格なら低品質」「高価格なら高品質」のように価格を品質判断の基準にすることがあります。こうした価格が持つ機能のことを、価格の品質バロメーター機能といいます。

09 流通チャネル戦略

どのように製品の特性に合った
最高の流通チャネルを選択するか

　流通チャネルとは、卸売業や小売業のことです。**メーカーがつくった製品を最終消費者まで送り届ける（流通させる）**役割を担っており、①**取引を最小化する**、②**物流を担う**、③**プロモーションを実施する**など、多岐にわたる機能を持っています。

3つの流通チャネル戦略

　メーカーが自社製品を流通させる場合には、大きく3つの基本戦略があります。それは、製品特性によって変わります。

❶開放的流通チャネル戦略：最寄品に多い政策です。必要とする流通業者であれば、**基本的にどの業者に対しても販売する**ため、大量に流通させたり、シェアを拡大したりしたい場合に最適です。店頭露出の拡大を図れますが、末端の流通業者に対するコントロールは弱くなりますので、価格や販売方法などで望ましくない形態が取られる可能性もあります。

❷選択的流通チャネル戦略：買回品に多い戦略です。メーカー側の設定した基準によって**販売先をある程度絞り込む**ため、ある程度ブランドイメージをコントロールしつつも、シェアも拡大したい場合に最適です。

　開放的チャネル戦略よりは流通業者のコントロールが利きますが、万全ではないため、チャネルの選択・絞り込みのチェックが重要となります。

❸専売的流通チャネル戦略：専門品に多い戦略です。**専門店として自社製品以外は取り扱わない**ため、完全にブランドイメージをコントロールすることができます。車の正規ディーラーや高級ファッションブランド店などをイメージしてください。メーカーの思惑どおりの販売方法やブランドアピールを徹底できています。一方で、開放的チャネル・選択的チャネルと比較して露出は少なくなりますので、適正な商圏設定や売上確保が課題となります。

◉ **各流通チャネル戦略のメリット・デメリット**

	❶開放的 流通チャネル	❷選択的 流通チャネル	❸専売的 流通チャネル
メリット	・販売先が多数なので量販する際に有利 ・規模の経済が発揮できる	・ある程度販売先をコントロールできる ・選択と集中により効率化を図れる	・販売先を完全にコントロールできる ・ブランドイメージの維持ができる
デメリット	・販売先の管理が煩雑 ・販売先のコントロールが困難	・完全には販売先をコントロールできない ・商圏が開放的チャネルよりも狭まる可能性がある	・商圏が狭まり、認知度が低下する
向いている製品	最寄品	買回品	専門品

開放度は
開放的チャネル＞選択的チャネル＞専売的チャネル
自社によるコントロールが利くのは反対に
開放的チャネル＜選択的チャネル＜専売的チャネル
ですね

📖✏ **ワンポイント**

流通チャネルのさまざまな機能を押さえよう

①取引最小化機能：チャネル介在により、取引数が最小化します。
②物流機能：製品の輸送や在庫管理を行います。③プロモーション機能：広告宣伝や人的販売などを行います。④情報機能：マーケティング情報の収集・伝達を行います。⑤金融機能：売上金の回収や流通に必要な資金調達などを行います。⑥リスク分担機能：在庫リスクなどを負担します。

10 プロモーション戦略

押すべきか？　引くべきか？
プルとプッシュ、2つの戦略を使い分ける

プロモーション (Promotion) を直訳すると、「昇進・昇格」「振興・奨励」「販売促進」になります。マーケティングにおけるプロモーションとはどんな意味か、セミナーなどで質問すると「広告宣伝」と答える方が大半です。もちろん、広告宣伝はプロモーションの一部ではありますが、それ以外にも販売促進の方法はいろいろあります。プロモーション戦略は大きく、**プル戦略**と**プッシュ戦略**に分類されます。

プル (Pull) 戦略のプルとは引っ張ること、つまり**顧客を商品やサービス、店舗へと引きつける**戦略です。

一方、プッシュ (Push) 戦略とは、押し売りではなく、**顧客に直接働きかける**（プッシュする）戦略です。

プル戦略

あなたは、テレビCMや新聞の折り込みチラシを見たことがあると思います。アピールされた商品やサービスを見て、「欲しいなあ」と思ったこともあるでしょう。実際に後日、どこかのお店でその商品やサービスを買い求めたかもしれません。それはまさに、あなたが商品やサービス、お店に「引き寄せられた（Pullされた）」ことになりますね。

顧客を引き寄せるプル戦略には、主に2つの手法があります。

❶**広告**：テレビやインターネット、新聞や雑誌などのメディアにおいて、有料で商品やサービスの宣伝を行うことです。もちろん、看板やポスターも立派な広告の一種です。

❷**パブリシティ**：テレビや新聞などのマスメディアに対して、企業がニュースリリースとして自社製品やサービスの情報を提供し、メディア側がニュースとして流す価値があると判断した場合に初めて取り上げられるしくみです。

◎ プル戦略

> 顧客を商品やサービス、店舗へと引きつける戦略

	広告	パブリシティ
特徴	一方向・非人的・有料	一方向・非人的・無料
機能	認知・情報提供	認知
効果	持続的	持続的
長所	幅広い消費者へ訴求可能	信頼性が高い、無料
短所	説得力が弱い、有料	コントロールが困難

◎ プッシュ戦略

> 顧客に直接働きかける（プッシュする）戦略

	人的販売	SP（セールスプロモーション）
特徴	双方向・人的・スキル必要	一方向・非人的
機能	購買促進・ニーズ収集	購買促進
効果	一時的	一時的
長所	個別対応可能、ニーズ収集	ブランドスイッチ可能
短所	販売員の人件費	効果が持続しにくい

> ブランドスイッチとは、あるブランドのユーザーが別のブランドに乗り換えることです。プロモーションで刺激を与えて別のブランドに興味を持たせ、試し買いさせるケースがよく見られます

基本的に無料なため、中小企業でもマスメディアに露出できる大きなチャンスになります。また、マスメディアで取り上げられると、信頼性が高い情報として消費者に認識されやすいというメリットがあります。その反面、採用されるかはメディア側に委ねられています。また、好意的に取り上げられるとは限らず、内容のコントロールが難しいというデメリットがあります。

プッシュ戦略

プッシュ戦略も大きく2つに分類されます。

❶人的販売：人が直接、販売することです。**買回品や専門品、生産財**では人的販売が用いられることが多いです。また、単に販売するだけではなく、顧客のニーズを収集したり提案を行ったりする必要があるため、営業担当者の教育訓練が重要になります。

❷ SP（Sales Promotion）：販売促進のこと。**流通業者向け、消費者向け、社内向け**の3種類があります。ふだん私たちが目にするのは消費者向けの SP で、POP、カタログ、クーポンやサンプル提供など、さまざまな手法があります。流通業者向け SP は価格面の優遇や販売員の派遣、棚割提案や販売コンテストなど。社内向け SP は従業員の意欲向上やスキル向上のためのマニュアル整備、研修やコンテストの実施、社員割引などがあります。

プロモーションへの消費者反応

消費者がプロモーションに接したときの反応プロセスをモデル化したものに、AIDA モデルや AIDMA モデルがあります。一般に、**Attention（注意）→ Interest（興味）→ Desire（欲求）→ Memory（記憶）→ Action（購買）**の流れで反応が起きるとされています。

近年、注目されているのが AISAS モデルです。スマートフォンの普及率が高まったことを背景に、興味を持ったらすぐに **Search（検索）**し、**使用体験**について SNS で **Share（情報共有）する**のが一般的になってきました。口コミが瞬時にシェアされるため、企業としてもネットの反応に留意するようになっています。特に、炎上でもしたら大変ですからね。

◎ 消費者反応プロセスモデル

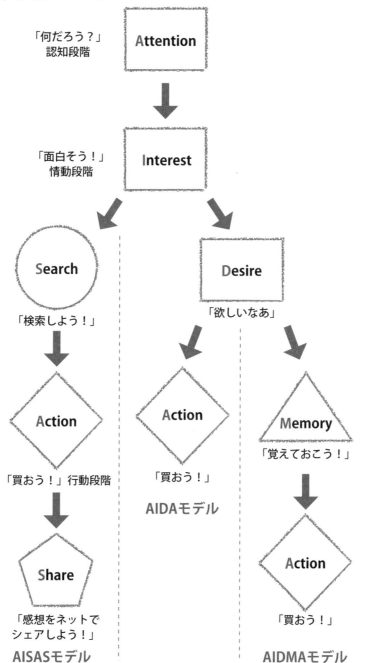

「何だろう？」
認知段階 → **Attention**

Interest
「面白そう！」
情動段階

Search
「検索しよう！」

Desire
「欲しいなあ」

Action
「買おう！」行動段階

Action
「買おう！」

Memory
「覚えておこう！」

Share
「感想をネットで
シェアしよう！」

AISASモデル

AIDAモデル

Action
「買おう！」

AIDMAモデル

サービスの4つの特性

サービスには目に見えないからこその
押さえるべき特性がある

　たとえばあなたがよく行くラーメン店があったとして、そこの店長さんと仲良くなったとしましょう。「いつも来てくれるから、今日はタマゴ1個サービスしとくよ！」などと言われたら、うれしいですね。この場合の「サービス」は、「おまけ」の意味ですが、マーケティングにおけるサービスは、こうしたものとは異なります。いわゆるサービス業で提供される**目に見えない価値**のことだと考えればわかりやすいでしょう。目に見える有形財（物財）と異なり、サービスにはいくつかの特徴があります。

モノにはない、サービスの4つの特性

❶**無形性**：美容院や理髪店で髪を切ってもらうときのことをイメージしてみてください。こうしたサービスは、小売店の商品のようにあらかじめ棚に並べてはおけません。このように、サービスには**形がなく、目に見えない**という大きな特徴があります。

❷**同時性（不可分性）**：髪の毛を切ってもらう場合、必ず理美容師さんがすぐ隣にいなければ切れませんね。基本的に**その場に、同時に存在**していなければサービスを提供することができません。

❸**不可逆性**：髪を切りすぎてしまった、誤ってひげを剃り落としてしまったといった場合、すぐに元に戻すことはできません。サービスはモノと異なり、**提供されると元に戻せない**ので、返品や交換などが基本的にできません。

❹**品質変動性**：同じ理美容師の免許を持っていても人によって切り方は違いますし、同じ理美容師でも日によってカットの仕上がりが異なることがあります。このように、サービスは品質管理を徹底することが困難で、品質が変動しやすいという特性があります。そのため、マニュアルなどで品質基準の統一を図ることが欠かせないのです。

◎ サービスの4つの特性

❶無形性
形がなく、目に見えないので、
事前確認ができない
在庫もできない

❷同時性（不可分性）
一緒にいないと
サービスを提供できない

❹品質変動性
人や日によって
サービスの品質が変わる

❸不可逆性
すぐに元に戻せない

この4つの特性以外に
「需要変動性」などもあります。
サービスの種類によっては、
季節や時間で需要が
変動しますよね

📖✒ ワンポイント

旅行やクリーニングのサービスは「同時性」の例外

基本的にサービスは、顧客とサービス提供者が一緒にいる必要があ
りますが、例外もあります。たとえば、旅行代理店やクリーニング
店です。旅行代理店では旅行の手配をしてくれますが、実際の旅行
サービスは後日提供されます。また、クリーニング店も店頭で衣類
を受け付けますが、実際に衣類をきれいにするのは後の作業です。

12 サービスの特性への対応策

ハンディキャップも強みに変える
サービスの特性を生かしたマーケティング

❶**無形性への対応**：サービスそのものが目に見えないことから、一番単純な対応策は**「見える化」**することです。

　たとえば美容院であれば、ヘアカタログを用意し、顧客がカットの仕上がりをイメージしやすいようにできます。また、サービス提供者を前面に出すケースもあります。いわゆる「カリスマ美容師」のような取り上げ方ですね。似たようなケースに、医師や航空会社のキャビンアテンダントがあります。

❷**同時性（不可分性）への対応**：サービスは提供する側と受ける側が同時に存在していなければなりません。したがって、**多数に同時にサービスを提供する、映像等を媒体に保存して提供する**といった対策が考えられます。

　たとえば、遊園地のアトラクションで、一度に多数の人が乗れる乗り物がありますね。また、塾や予備校で講義を録画しておき、欠席した人が見られるようにしたり、通信教育に用いたりすることがあります。

❸**不可逆性への対応**：提供されたサービスは元に戻せないため、顧客への事前説明が重要になります。

　たとえば、クリーニング店で、素材によって色落ちや形崩れの可能性があることを事前に丁寧に説明することがあります。医療サービスにおいても、治療法によってはリスクがあることを事前に説明されることがあります。このように、**サービスを提供する前に顧客と密にコミュニケーションを取る**ことで、サービス後の不満足要因を小さくすることができます。

❹**品質変動性への対応**：提供される品質のバラツキを最小限にし、基準以上のサービスを提供できるようにします。

　たとえば、**マニュアルの整備や研修**を徹底的に行うことがあります。業務を機械に代替させるなど、定型化することもあります。ATMは機械化の一例ですね。人的ミスをなくし、迅速な預貯金の処理を可能にしています。

◎ サービスの特性への対応

サービスの特性	問題点	対応策
❶無形性	目に見えないこと	• 「見える化」する • パンフレット・カタログ • サービス提供者を訴求
❷同時性 （不可分性）	同じ場所にいないとサービスが提供できない	• 複数の人に同時にサービス提供する • 映像等に記録して配布する
❸不可逆性	サービス提供後に元に戻せない	• 事前に想定されるリスクを説明する • 顧客とのコミュニケーションを密にする
❹品質変動性	品質のバラツキ	• マニュアル作成 • 研修制度の導入 • 機械化

📖✒️ **ワンポイント**

街で見かけるさまざまな「見える化」対応

レストランなど不特定多数の人が利用する化粧室でよく見かけるのが、掃除チェック表です。チェックに使うと同時に、それを見た顧客に「きちんと掃除していますよ」と「見える化」してアピールしているわけです。また、銀行などで番号札を取ると、残りの人数や待ち時間がわかるようになっていることがあります。これも、待っている顧客のイライラを解消するために「見える化」している例ですね。

13 インストア マーチャンダイジング

客単価が上がれば売上も上がる！
客単価アップを可能にする手法を押さえよう

　店内を歩いているうちについ買う気になってしまう、いわゆる衝動買いをした経験は誰にでもあると思います。マーケティングでは**非計画購買**といいます。**売上を増やすためには、非計画購買の促進が欠かせません。**

　売上を分解すると、**売上＝客数×客単価**です。客数を増やすには、店の外に向けてプロモーションを行い、顧客を誘引することが必要です。広告などはある程度コストがかかります。これに対し、客単価を増やすには、店内での取り組みが重要です。商品の見せ方や販売方法を工夫するなど、客数を増やすよりも比較的コストをかけずに実施できる方法が多くあります。これらの活動を**インストアマーチャンダイジング**といい、スペースマネジメントとインストア（店内）プロモーションの2つに大別されます。

スペースあたりの生産性を高めるスペースマネジメント

　スペースマネジメントとは、店舗スペースの有効活用により、**スペースあたりの生産性を高めること**です（売場生産性＝売上÷売場面積）。客単価を向上させるためには、次の各要素を検討する必要があります。

　客単価＝動線長×立寄率×視認率×買上率×買上個数×商品単価

　各要素の具体的な取り組みとしては、以下が挙げられます。

❶**動線長**：店内回遊性の向上、ワンウェイコントロール

❷**立寄率**：品種や品群などでグルーピング、棚割構成の工夫

❸**視認率**：POPやディスプレイ、陳列の工夫

❹**買上率**：POPや陳列、サンプル配布、試食などの店内プロモーション

❺**買上個数**：クロスマーチャンダイジング（138ページ）、セット販売、提案

❻**商品単価**：店内加工度の向上、付加価値向上、接客

◎ 売上アップの要素

売上 = 客数×客単価

客数をアップするには？
プロモーションを行い、顧客を誘引 →コストがかかる

客単価をアップするには？
商品の見せ方や販売方法を工夫するなど、店内での取り組みが重要
→比較的コストがかからない

インストアマーチャンダイジング

スペースマネジメント

店舗スペースの有効活用により、スペースあたりの生産性を高める

非計画購買を促進！

インストアプロモーション

価格主導型と非価格主導型がある

📖🖊 ワンポイント

マーチャンダイジングとは？

マーチャンダイジングとは、製品を顧客に届ける一連の流れとその各要素を指します。ちなみに、中小企業診断士試験要綱には「製品企画・仕様・デザイン、製品技術・製造コスト、テストマーケティング、製造計画、商業化（市場化）計画」とあります。とても広範囲にわたる概念ですね。

店内の販促活動、インストアプロモーション

　インストアプロモーションは店内における販売促進活動のことで、さらに**価格主導型**と**非価格主導型**に分類されます。

❶価格主導型：特売、値引き、セット販売、クーポン配布、ポイント制度、増量パック、会員価格など、**価格を下げることによって購入を促す**手法です。採算性が低下する可能性があること、消費者の**内的参照価格**も下げてしまうことがデメリットです。内的参照価格とは、消費者が過去の購買経験を通じて**個人ごとに持っている商品価格の記憶**のことです。たとえば、ラーメンと言われたときにイメージしたのが700円だとすると、それ以上の価格の場合は買わなくなります。また、通常価格700円のラーメンをキャンペーンなどで一時的に500円に値下げした場合、内的参照価格も500円に下がるため、通常価格700円に戻しても売れにくくなってしまいます。値下げは即効性がありますが、デメリットも大きいのです。

❷非価格主導型：サンプル配布、ノベルティグッズ、POP、クロスマーチャンダイジング、デモンストレーション販売など、**価格以外の要因で購買意欲を刺激**し、非計画購買を促進します。

ついでに買いたくなるクロスマーチャンダイジング

　クロスマーチャンダイジングとは、**商品カテゴリーにとらわれずに関連商品を1か所にまとめて陳列することで、関連購買を促進する方法**です。食品スーパーなどでよく見られます。

　たとえば、タマネギやニンジン、ジャガイモとカレーのルーを一緒に陳列したり、精肉コーナーに焼肉のタレを陳列したりすることで、同時購買されやすくなります。ちなみに私はよくビールを購入するのですが、ビールコーナーの近くに陳列されているおつまみのスナックやチーズを一緒に買い物カゴに入れてしまいます。

　このように、店舗には非計画購買を促すさまざまなしかけがあります。スーパーなどに行った際に注意して観察してみると、面白いですよ。

◎ インストアプロモーションの 2 つの手法

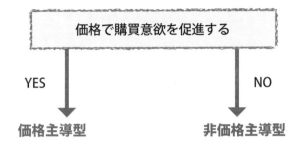

```
価格で購買意欲を促進する
```

YES　　　　　　　　　　　　NO

価格主導型　　　　　　　　非価格主導型

価格を下げることで購買意欲を刺激　　　価格以外の要因で
・即効性がある　　　　　　　　　　　　購買意欲を刺激
・採算性が低下する可能性がある
・消費者の内的参照価格も下げる

◎ クロスマーチャンダイジング

缶ビール　　　　　　おつまみ

肉　　　　　　　　　焼肉のタレ

売上アップ！

```
クロスマーチャンダイジングとは？

一緒に買いたくなる組み合わせで陳列すること
```

14 最重要顧客を明らかにする 顧客生涯価値（LTV）

**既存顧客の心をしっかりつかみ、
ロイヤルカスタマーへ変えていく**

　ある調査によると、1年間で既存顧客の約3割が離反するというデータが出ています。そのため、売上を維持するには、その分の新規顧客開拓をしなくてはなりません。しかし、新しい顧客を開拓するコストと既存顧客を維持するコストを比較した場合、どのくらいの差があると思いますか。一般に、**新規開拓は既存顧客維持の約5倍コストがかかる**といわれています。そこで企業は、**既存顧客の離反を防ぐために**さまざまなマーケティング手法を講じることになります。

顧客との長いお付き合いを大切にする

　1回の買い物で3,000円使ってくれるAさんと、1回に100円しか使わないBさん、どちらの顧客が重要でしょうか。これだけを見れば、当然、購入金額が大きいAさんを優遇する戦略になるでしょう。これは従来の商売の考え方で、短期的に見れば正しいかもしれませんが、実は企業にとって大きなミスを犯している可能性があるのです。

　たとえば、こんな条件がついたらどうでしょうか。Aさんは年1回しか来店しません。Bさんは週1回、必ず来店します。この場合、1年間で見るとBさんの購入額は5,200円となり、長期的な視点からはBさんのほうが重要顧客になります。言い換えると、Bさんのほうが**顧客生涯価値**（LTV: Lifetime Value）は高いのです。

　このように、**個別の購買動向を分析し、企業にとって重要な顧客を把握して適切な顧客維持対応**をしなければ、中長期的に重要顧客を失うリスクがあります。定期的にDMを送付したり、特別な商品やサービスを提供したり、何らかの優遇措置を講じたりなど、重要顧客であることを認識させて、自社への**ロイヤルティ**（忠誠心）を高める方策が取られます。

◉ 顧客生涯価値を高めていくプロセス

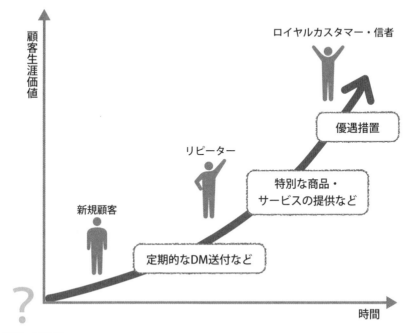

顧客生涯価値(LTV)とは？

1人の顧客が、生涯を通じて企業にもたらす価値（利益）の合計

顧客生涯価値の高い顧客には？

DMや優遇措置の提供などでロイヤルティを高め、
長期間のお付き合いを促進する

POSシステム

バーコードを読み取って業務を効率化、
顧客情報も収集してマーケティングに生かす

コンビニエンスストアやスーパーのレジで、バーコードを「ピッ」と読み取るとモニターに価格が表示されるシステムのことをPOSシステムといいます。Point of Sales（販売時点）の略語です。つまり、**顧客がモノを買った時点で得られる情報を収集することができるシステム**です。単にバーコードを読み取って価格を表示するだけの機械ではないのですね。

主にどんな情報を扱うかというと、価格情報や商品情報だけでなく、顧客の性別や年齢層を入力するPOSもあります。会員カードを提示するタイプのPOSであれば、カード会員がいつ・何を・どれだけ買ったのかがデータベースに蓄積されます。なお、バーコード自体には価格情報は含まれておらず、国番号や企業コード、製品コードなどが記載されています。価格は、店ごとにあるストアコントローラーというデータベースに登録するため、お店ごとに異なる値づけができるのです。

POSシステムのメリット

POSシステムには、①ハードメリットと②ソフトメリットがあります。

❶ハードメリット：**POSの機械を導入しただけですぐに得られるメリット**です。最大のメリットは、レジ業務の効率化です。基本操作だけ覚えれば、熟練は不要で、誰でもすぐにレジ業務ができます。また、バーコードで商品管理をするため、値段の変更をする際に値札を貼り替える必要がなく、店舗業務を効率化できることも大きなメリットです。

❷ソフトメリット：**POSに蓄積されたデータを分析して得られるメリット**です。時間帯ごとの商品の売れ方、売れ筋商品・死に筋商品を判断して無駄のない仕入れに活用できます。また、同時購買される商品の傾向を分析し、その商品同士を近くに陳列するなど店内のプロモーションに活用できます。

POSシステム

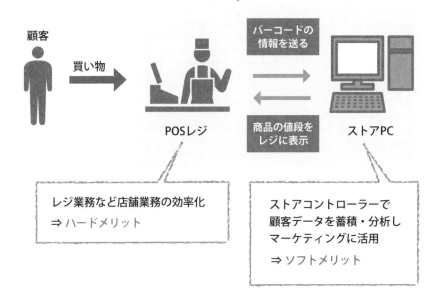

顧客の性別や年齢層、購入履歴などの
データを収集

顧客

買い物

POSレジ

バーコードの
情報を送る

商品の値段を
レジに表示

ストアPC

レジ業務など店舗業務の効率化
⇒ ハードメリット

ストアコントローラーで
顧客データを蓄積・分析し
マーケティングに活用
⇒ ソフトメリット

📖✍ ワンポイント

バーコードにはどんな情報が含まれている？

POSシステムに不可欠なバーコードには、実はさまざまな種類が存在します。もっとも身近なのがJANコードです。国際的にはEANコードと呼ばれ、欧米のバーコードとも互換性がある共通商品コードです。手近にある商品のバーコードを見てみると、13桁か8桁で構成されていると思います。その左端の2桁は45か49ではありませんか。これは国コードといって、その商品供給者がどの国の企業かを表すもの。ぜひ試しに日本以外の数字も探してみてください。

16 優良顧客の心をつかむ FSPとRFM分析

RFM分析で優良顧客を洗い出し、
特別扱い(FSP)で囲い込む

　一般社会では、人を区別したり、付き合い方に差をつけたりすることは好ましくありませんが、マーケティングの世界では差をつけることは当たり前の手法となっています。たとえば、常連さんだけに特別サービスをする店や「一見さんお断り」の店がありますよね。これはまさに**顧客を選別**していると言えます。

　これを積極的にマーケティングに取り入れたのは、航空業界のマイレージサービスです。**FFP**（Frequent Flyers Program）と呼ばれ、**頻繁に飛行機に搭乗する顧客をランクづけし、さまざまなサービスを提供**しています。これにより、同業他社に流出しないように顧客を囲い込んでいるわけです。これを小売業に応用したのが、**FSP**（Frequent Shoppers Program）です。

どのような基準で顧客を選別するか

　あるラーメン店では、来店回数や使用金額などで一定の基準をクリアした顧客には、トッピングサービスを提供したり、1杯無料券を配ったりしています。これは優良顧客を特別扱いすることで、囲い込みを図っていると言えます。これこそがまさに FSP です。

　では、どのような基準を使って優良顧客を選別すればいいのでしょうか。上記の例のように、来店回数や使った金額など、明確にわかりやすい指標がいいですね。これを **RFM 分析**といいます。RFM は Recency（最終購買日）、Frequency（購買頻度）、Monetary（購買金額）の頭文字です。これら3つの指標をもとに、優良顧客を選別します。POS システムと会員カードが導入されていれば、簡単に顧客を選別できますね。

　RFM 分析で選別した優良顧客に対して FSP で特別扱いを実施し、囲い込みを図るというのがセオリーです。

◎ RFM 分析による顧客分類

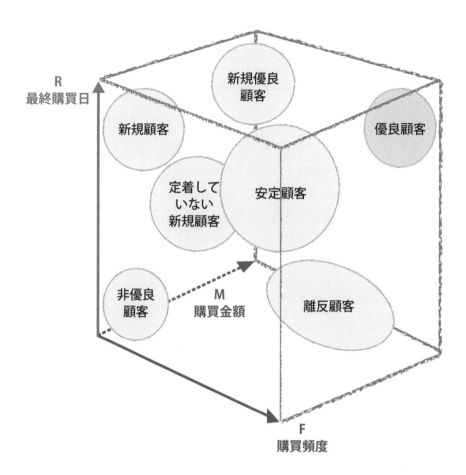

R
最終購買日

新規優良
顧客

新規顧客

優良顧客

定着して
いない
新規顧客

安定顧客

非優良
顧客

M
購買金額

離反顧客

F
購買頻度

📖✏️ ワンポイント

身近なFSPを見つけてみよう

みなさんも、何かしら会員カードやポイントカードをお持ちだと思います。私が近年目にした中で、一番印象的なのは「肉マイレージカード」です。あるステーキ店で提供されているFSPの一種ですが、食べた肉の量に応じてランクが決まり、無料ドリンク等のサービスが付与されるようになっています。ネーミングもですが、肉を食べた量を基準にするなんて、わかりやすくて面白いですね。

17 顧客管理システムCRMと 1to1マーケティング

顧客一人ひとりのデータを管理し、1対1の
マーケティングできめ細かいサービスを提供

　私には10年以上通い続けている美容院があります。以前住んでいた場所にあるお店なのですが、今でも電車に乗って定期的に通っています。移動コストを考えれば近所でカットしたほうが安上がりなのですが、よほどのことがないかぎり、今後も通い続けるでしょう。

　このお店では私の好みや趣味、仕事からプライベートにいたるまで、これまで美容師さんと話したことがカルテに記載されています。そのため、担当者が変わっても情報共有ができているので、ほとんどストレスなくサービスを受けられます。また、私の髪の毛は伸びるのが速いので、3週間過ぎた頃にメールでお知らせしてくれます。これがまさに1to1マーケティングです。

CRMできめ細かいサービス提供が可能に

　ITの発達により、会員カードを発行して容易に顧客データを蓄積・活用できるようになりました。会員カード発行時には、住所・氏名・年齢などの個人情報を収集し、データベースに登録します。このような**情報システムを用いた顧客管理システム**をCRM（Customer Relationship Management: 顧客関係性管理）といいます。最終購買日や購買金額などの**定量データだけでなく、可能なかぎり数値以外の定性データも蓄積する**ことがポイントです。

　定量データは、たとえば来店ポイントや累計支払金額などの基準に応じて特別なサービスを提供したり、最終購買日からの経過日数に応じて再来店を促すダイレクトメールを送ったりなど、プロモーションに活用できます。

　定性データは、私の通う美容院のように接客時の会話や商品・サービスの推奨に使えますし、なにより自分自身を個人として認識してくれますので安心感や満足感につながります。結果として顧客ロイヤルティが高まり、他店への流出を防ぐことができるのです。

◎ 顧客データベースを CRM に活用する

定量データ

支払金額
来店回数
来店間隔…

定性データ

趣味・嗜好
ライフスタイル
好きな○○…

定量データ ⇒ DM送付など、プロモーションに活用

定性データ ⇒ 接客や商品・サービスの推奨に活用
　　　　　　 安心感や満足感にもつながる
　　　　　 ⇒ 顧客ロイヤルティを高め、他店への流出を防ぐ

最終購買日や購買金額など
の定量データだけでなく、
可能なかぎり数値以外の定
性データも同時に蓄積して
おくことがポイントです！

デシル分析

顧客層別に大まかな特性をつかみ、
最適なマーケティング・ミックスを検討する

RFM 分析のように細かく分析するのではなく、**顧客層の大まかな特性を知る**場合に適しているのが、**デシル分析**です。

顧客が 100 人いた場合、10 人ずつのグループに 10 等分（デシルの語源）して購買金額の多い順にデシル 1・デシル 2……デシル 10 のように区分します。購買金額は、ある一定期間を任意に決めますが、期間が長すぎると、過去に 1 回だけ高額商品を購入した顧客が上位デシルに入る可能性があるので、商品特性や顧客層を考慮して売上算定期間を決めることが大事です。

会員カードを発行している場合は、POS データと連動させれば手軽に区分できます。連動できない場合は、誰がいくら購入したか、台帳などに記録して代用することも可能です。たとえば会員番号や注文番号と購買金額をひもづけて、購買金額の多い順に並べてグループ分けすれば全体傾向を把握できます。エクセルなどで手軽に区分できるのがデシル分析のメリットです。

区分したら、デシルごとに 10 人分の購買金額を合計し、全体（100 人分）の購買金額のうち何 % になるかを算出します。

デシルごとにマーケティング・ミックスを検討する

デシルの傾向をつかんだら、売上を増やすにはどの顧客層を重視するか、どの顧客にどう販売促進を行うかなどを決定します。たとえば、デシル 1 ～ 2 の顧客は購買金額が高い層ですから、高額商品を勧めたり、購買金額に応じたプレゼントキャンペーンを実施したりして販売促進を行うことが考えられます。逆にデシル 9 ～ 10 の顧客は購買金額が低い層なので、低額商品やわけあり品などを勧めたり、セット販売を実施したりします。

このように、デシル分析をすることによって、比較的簡単に**顧客層に合わせたマーケティング・ミックスを検討**することができます。

◎ デシル分析

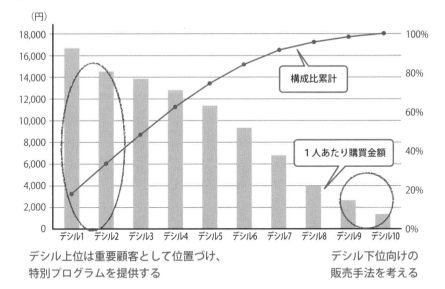

（円）

構成比累計

1人あたり購買金額

デシル上位は重要顧客として位置づけ、
特別プログラムを提供する

デシル下位向けの
販売手法を考える

◎ デシル分析の方法

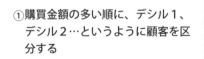

① 購買金額の多い順に、デシル１、
デシル２…というように顧客を区
分する

↓

② デシルごとに購買金額を合計し、
全体の購買金額のうち何％になる
かを算出する

↓

③ デシルの傾向をつかんだ後、それ
ぞれの顧客層に合わせたマーケ
ティング・ミックスを検討する

デシル分析を行うことで、
比較的容易に各顧客層に合った
マーケティング・ミックス
を検討できます

価格弾力性
〜消費者はどれくらい値下げに反応する？

コラム

　一般的に、価格が高いと売れにくく、価格が低くなれば売れやすくなることは想像しやすいでしょう。では、どれくらい価格を下げれば購入者が増えるのか、またどの商品が値下げに適しているのか、これらは商品特性によって左右されます。そして、このような価格変動によって購入者が増減する度合いのことを価格弾力性といいます。

　これは、需要の変化率を価格の変化率で割ると求められます。ある商品価格を 10% 値下げしたときに、需要が５％増加した場合、価格弾力性は 5÷10＝0.5 となります。この数値が１より大きい場合は「弾力性が大きい・高い」となり、１より小さい場合は「弾力性が小さい・低い」となります。つまり、価格弾力性が小さい商品の場合は、売れないからといって価格を下げても、あまり顧客は増えないことを意味します。

商品特性で価格弾力性はこんなに変わる

　製品分類の最寄品、買回品、専門品に当てはめてみましょう。最寄品はパンや牛乳など購買頻度が高い生活必需品です。パンや牛乳が半額だとしたら、いつもの２倍購入しますか。おそらくそうではありませんね。一般に、生活必需品の価格弾力性は小さいといわれています。

　一方、専門品は購買頻度が低く、消費者の知識が乏しい商品です。購入に際しては情報収集に力を入れますが、価格も大きな判断材料です。特に宝飾品などの贅沢品になるほど、価格弾力性は大きいといわれています。注意が必要なのは、威光価格（名声価格）で値付けされている高級ブランドなどです。価格弾力性が大きいため、ある程度の値下げまでは売上が伸びますが、値下げしすぎると逆に売れ行きが悪くなります。

　買回品については、最寄品と専門品の中間に位置し、価格弾力性も中〜大といわれています。アパレルなどは弾力性大ですね。

第 4 章

生産・技術

生産現場において、品質・コスト・納期を最適化し、効率的に生産活動を行うための基礎知識を学びます

01 生産形態

何をどうつくれば最も効率がよいのか？
最適な生産形態を採用する

　製造業の生産形態は、**生産タイミングから見て2つに分類**されます。

　1つは**受注生産**です。オーダーメードでスーツを注文するケースのように、顧客が要求する品質やデザイン、規格などに応じて、受注してからつくり始める形式です。受注後に設計し、それが顧客に承認された後に部品や資材を調達し、生産に取り掛かります。そのため、注文によっては納品までの期間が長期化することもあり、**納期管理が重要な課題**になります。

　もう1つは**見込生産**です。ふだん、私たちのまわりにある商品の多くが見込生産でつくられています。たとえば、加工食品や衣料品をイメージしてください。ある商品をつくる場合、想定した市場でどんな規格・品質・デザインが売れるか、どれくらい売れるかを予測し、仕様や生産数を決めます。これを**需要予測**といいます。見込生産では**需要予測が重要な課題**になります。予測がはずれて売れなかった場合、不良在庫を抱えて必要な収益が得られなくなってしまうからです。

その他の生産形態

　生産する品種や生産量に着目した分類としては、**少品種多量生産、多品種少量生産**、その中間の**中品種中量生産**があります。少品種多量生産は、いわゆる大量生産です。ベルトコンベアなどを使って同じ製品を一度にたくさんつくります。一方多品種少量生産は、さまざまな商品を少しずつつくるため、段取り替えや生産計画が重要になります。

　仕事の流し方に着目すると、**個別生産、ロット生産、連続生産**に分類できます。ロットとは、製品のひとまとまりの単位のことです。個別生産には多品種少量生産が適応します。連続生産は少品種多量生産です。その中間として、ロット生産があります。

◎ 受注生産と見込生産の違い

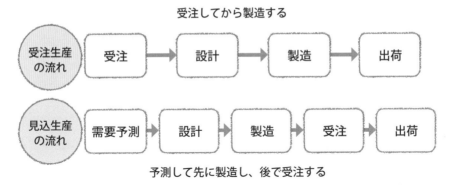

受注してから製造する

| 受注生産の流れ | 受注 → 設計 → 製造 → 出荷 |

見込生産の流れ　需要予測 → 設計 → 製造 → 受注 → 出荷

予測して先に製造し、後で受注する

◎ 代表的な生産形態

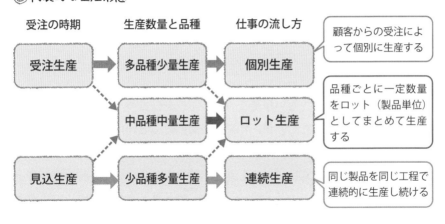

受注の時期	生産数量と品種	仕事の流し方	
受注生産	多品種少量生産	個別生産	顧客からの受注によって個別に生産する
	中品種中量生産	ロット生産	品種ごとに一定数量をロット（製品単位）としてまとめて生産する
見込生産	少品種多量生産	連続生産	同じ製品を同じ工程で連続的に生産し続ける

少品種多量生産とは、いわゆる大量生産のこと。ベルトコンベアなどを使って同じ製品を一度にたくさんつくる場合などです

ライン生産とセル生産

大量生産を可能にするライン生産方式、
多品種少量生産を効率化するセル生産方式

　工場見学やテレビなどで、ベルトコンベアに載った製品が移動しながら加工されていくのを見たことがあるでしょう。それがまさに、**ライン生産方式**です。ライン生産方式の定義は**「生産ライン上の各作業ステーションに作業を割り付けておき、品物がラインを移動するにつれて加工が進んでいく方式」**とされています。いわゆる流れ作業のことですね。**作業ステーション**とは、加工や組立を行う場所のことです。**工程**とも呼ばれます。

　ライン生産方式は、特定の製品を流れ作業で大量に加工していく場合に向いています。**規模の経済が発揮され、単位あたりのコストを下げる**ことができます。また、徹底的な分業体制により、作業者は特定の工程のみを担当するため、比較的経験が少ない**単能工**（単一工程を受け持つ作業員）も担当することが可能です。ただし、単一作業が長時間続くと肉体的・精神的に疲労が蓄積しやすいというデメリットもあります。

　ライン生産の作業方式は、ベルトコンベア上を動いている品物に直接作業をする**移動作業方式**と、コンベアから仕掛品（加工途中の品物）を作業台に移し、静止した状態で加工する**静止作業方式**があります。

ラインバランシング

　ライン上の各工程で**サイクルタイム**（1工程に要する時間）が異なると、仕掛品や作業者の手待ちが発生します。そこで、**工程ごとの作業量を均等化して作業時間のバラツキを減らす**ことを、**ラインバランシング**といいます。時間がかかっている工程の作業の一部を他の工程に割り振り、作業時間を均等にします。各工程の作業時間を均一にすることで、トータルの作業時間は同じでも完成品1個ができあがるまでの時間が短くなるため、生産効率が高まります。

◎ ライン生産のイメージ

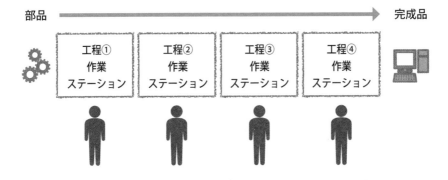

部品 ━━━━━━━━━━━━━━━━━━━━━━━→ 完成品

| 工程①
作業
ステーション | 工程②
作業
ステーション | 工程③
作業
ステーション | 工程④
作業
ステーション |

移動作業方式 … ベルトコンベア上を動いている品物に直接作業をする
静止作業方式 … コンベアから仕掛品を作業台に移し、静止した状態で加工

◎ ラインバランシング

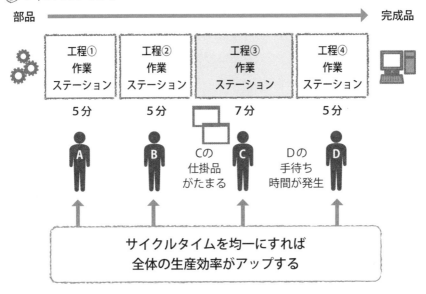

部品 ━━━━━━━━━━━━━━━━━━━━━━━→ 完成品

| 工程①
作業
ステーション | 工程②
作業
ステーション | 工程③
作業
ステーション | 工程④
作業
ステーション |

5分　　　5分　　　7分　　　5分

A　　　B　　　C　　　D

Cの
仕掛品
がたまる

Dの
手待ち
時間が発生

サイクルタイムを均一にすれば
全体の生産効率がアップする

グループテクノロジーとセル生産方式

　グループテクノロジー（GT）とは、多種類の部品をその形状、寸法、素材、工程などの類似性に基づいて分類し、**多品種少量生産に大量生産的効果を与える管理手法**のことです。たとえば、カレーをつくる際にニンジンを切る工程、ジャガイモを切る工程、タマネギを切る工程を見た場合、すべて「切る」という点では同じ作業なので、同じまな板でまとめて作業すると効率がよくなります。これがGTです。**GTを活用することで、ロットサイズを大きくでき、段取り回数を減らすことができます。**

　セル生産方式とは、GTを活用してライン上の複数の異なる機械をまとめて**機械グループを構成し、加工を行う方式**です。工程をまとめることができるので、工程間の運搬や仕掛在庫の削減、生産リードタイムの短縮などに寄与します。

複数の意味が存在するセル生産方式

　本来のセル生産方式では、ラインとGTの活用が不可欠です。しかし、日本ではラインを用いずに、1人または複数の作業者が製品を組み立てる方式（組立セル）をセル生産と呼ぶケースもあります。右下の図がそのケースです。

　組立セルには1人生産方式があります。1人の作業者が通常静止した状態の品物に対して作業を行う方式で、複数の作業者が協同して作業を行う場合もあります。ライン生産方式の対極をなす方式とされています。1人の作業者が自分のペースで作業できるため、出来高がそのまま作業者の評価につながり、作業に対するモチベーションが高まりやすい特徴があります。分業がなくなるので、ラインバランシングを考慮しなくてもよく、仕掛品も発生しません。

　なお、中小企業診断士試験では、学術的な定義に基づき、セル生産と組立セルを区別して出題しています。ラインとGTが不可欠なのはセル生産、単に1人または少人数のチームで製品を組み立てるのが組立セルです。受験を予定している場合は気をつけましょう。

◎ セル生産方式のイメージ

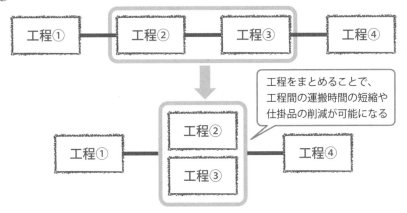

工程をまとめることで、
工程間の運搬時間の短縮や
仕掛品の削減が可能になる

◎ 組立セルのイメージ

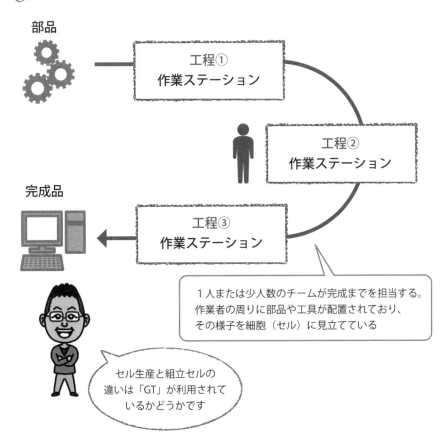

部品

完成品

工程①
作業ステーション

工程②
作業ステーション

工程③
作業ステーション

1人または少人数のチームが完成までを担当する。
作業者の周りに部品や工具が配置されており、
その様子を細胞（セル）に見立てている

セル生産と組立セルの
違いは「GT」が利用されて
いるかどうかです

03 生産プロセス ～設計・調達・作業

品質・コスト・納期の水準を左右する
ものづくりの基本プロセスをつかむ

　あなたが夕食をつくる場合を想定してみてください。最初は「何を食べようかな。何をつくろうかな」とレシピを思い浮かべるはずです。これは生産プロセスの「設計」にあたります。仮にカレーを食べようとなったら、次は食材を「調達」しますね。冷蔵庫や食品庫を確認して、足りないものをスーパーに買いに行くでしょう。そして材料が揃ったら、野菜をカットしてつくり始める「作業」に入るでしょう。

　このように、**生産活動は必ず「設計」「調達」「作業」の要素を経て行われる**のです。そして、**その精度がQCDの水準に直結**してきます。QCDとは、**品質**（Quality）、**コスト**（Cost）、**納期**（Delivery）のことです（160ページ）。

3つの生産プロセス、それぞれの課題

❶設計：顧客の要求水準を満たすこと、安全が確保されること、実際に製造しやすいことなどが設計課題となります。設計には、製品が期待どおりの性能を発揮するために必要な機能を決める**機能設計**、製品の機能を発揮させるための構成部品やそれらの関連を決める**製品設計**、加工や運搬など製造現場において安全で容易かつ経済的に生産するための**生産設計**があります。

❷調達：製造する際、必要なときに必要な分が調達されていることが課題となります。材料の欠品を起こさないために大量に調達しておけば安心ですが、保管するための倉庫費など在庫コストがかかります。逆に、在庫コストを削減しようとすると、必要量が不足して製造が遅れる危険性も生じます。**調達コストと在庫コストの適正バランスを図る**ことが重要です。

❸作業：製造現場における工程の平準化や標準化、作業の簡素化などが課題となります。これらを実現するために「生産計画」を立案し、計画どおりに進捗しているかを「生産統制」で管理するのです。

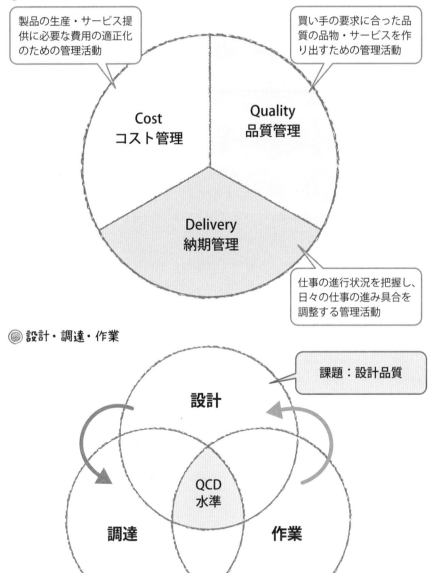

◎ 生産管理の QCD

製品の生産・サービス提供に必要な費用の適正化のための管理活動

買い手の要求に合った品質の品物・サービスを作り出すための管理活動

Cost
コスト管理

Quality
品質管理

Delivery
納期管理

仕事の進行状況を把握し、日々の仕事の進み具合を調整する管理活動

◎ 設計・調達・作業

課題：設計品質

設計

QCD
水準

調達

作業

課題：在庫管理
調達コスト

課題：工程管理

04 生産合理化のための7か条 「PQCDSME」

生産管理に不可欠な7つのテーマを理解しよう

　あなたが何かを改善しようとする際には、必ず改善後のあるべき姿を想定するでしょう。生産管理も同じで、各管理項目について目標や管理指標を設定します。生産管理のテーマの頭文字をつなげたものがPQCDSMEです。

❶生産性（Productivity）：労働生産性や設備稼働率、故障発生件数や平均故障間隔などを管理指標にします。生産性を高めるために、企業はさまざまな工夫を講じることになります。

❷品質（Quality）：クレーム件数や不良率などを管理指標にします。クレームや不良をゼロにするのはかなり困難ですが、原因追及をすることが重要です。

❸コスト（Cost）：材料費や原価率などです。材料費は下げればよいというものではなく、品質を維持できる水準の見きわめが必要です。

❹納期（Delivery）：納期遅延件数や遅延率、**生産リードタイム**（納品までの期間）を管理します。遅延原因となる工程や時間がかかっている部分を特定し、改善につなげます。

❺安全性（Safety）：労災発生件数、災害件数、災害休業日数などが管理指標です。製造現場ではささいなミスが災害につながることも多く、日頃からの意識づけも重要です。

❻士気・やる気（Morale）：従業員満足度や提案件数など、仕事への取り組み姿勢に関わる指標です。意欲が低いと、品質低下や納期遅延、災害発生などにつながる危険性が高まります。

❼環境（Environment）：廃棄物量や温室効果ガス排出量など、環境負荷に関わる項目です。環境への配慮が不十分であれば、公害問題などにもつながりかねず、企業の社会的責任が問われる重要な要素です。

PQCDSME

 P：生産性

Q：品質
C：コスト
D：納期

P（生産性）を高めるために
SME の土台と
QCD の管理が必要

S：安全性
M：士気・やる気
E：環境

生産性を高めるためには、
密接に関連したこれらの要素を
考慮することがポイントですね

📖✎ ワンポイント

生産管理の戦略術

PQCDSMEは、4 M（162ページ）と組み合わせることで生産管理の戦略を具体化できます。たとえば、「人」の面で考えると、P：人員数、Q：能力や方法、C：人件費、D：要員稼働率、S：働きやすい現場環境、M：教育・評価基準、E：環境意識となります。このように、生産管理の方向性が具体的に見えるようになります。

05 生産管理の4M・5W1H・PDCAサイクル

生産管理対象の4M、問題の原因を探る5W1H、生産性を高めるPDCAサイクル

　生産要素QCD（160ページ）の水準を高めるために、**具体的な生産管理対象**として**4M**があります。①**人**（Man）、②**機械**（Machine）、③**原材料**（Material）、④**方法**（Method）という4つの構成要素に着目し、ムリ・ムダ・ムラがないように最適化を図ります。Methodの代わりに、Money（カネ）とするケースもあります。

　製造業を診断する際には、これらの大項目に分けて問題点の洗い出しをしてから原因を探ることが多いです。具体的な手法として、**QC7つ道具**（174ページ）の**特性要因図（フィッシュボーン）**があります。これは、右図のように、4Mを軸にして、ある結果を引き起こしている原因を要素ごとにつないで洗い出していくものです。付箋を使えば手軽にできるので、私も問題解決をする際にはよく使っています。付箋1枚1枚に原因を1つずつ書き、右図のような形に貼っていくのです。

　改善策を探る過程においては、**5W1H**を活用します。**何を（What）、いつ（When）、誰が（Who）、どこで（Where）、なぜ（Why）、どのように（How）**という問いかけをすることにより、やるべきことが明確になります。

PDCAを回転させることが大事

　やることが決まったら、改善タスクとして実行段階に組み込みますが、その際に意識したいのが**PDCAサイクル**です。これも有名なので、知っている方も多いでしょう。①**計画**（Plan）、②**実行**（Do）、③**確認**（Check）、④**対策**（Action）の順に管理サイクルを円滑に回すことで**生産性向上**を目指します。

　PDCAサイクルは生産現場だけでなく、仕事の進め方としても使えるツールです。新入社員研修などで私も毎年、活用するように話しています。

◎ 4Mを軸にした特性要因図

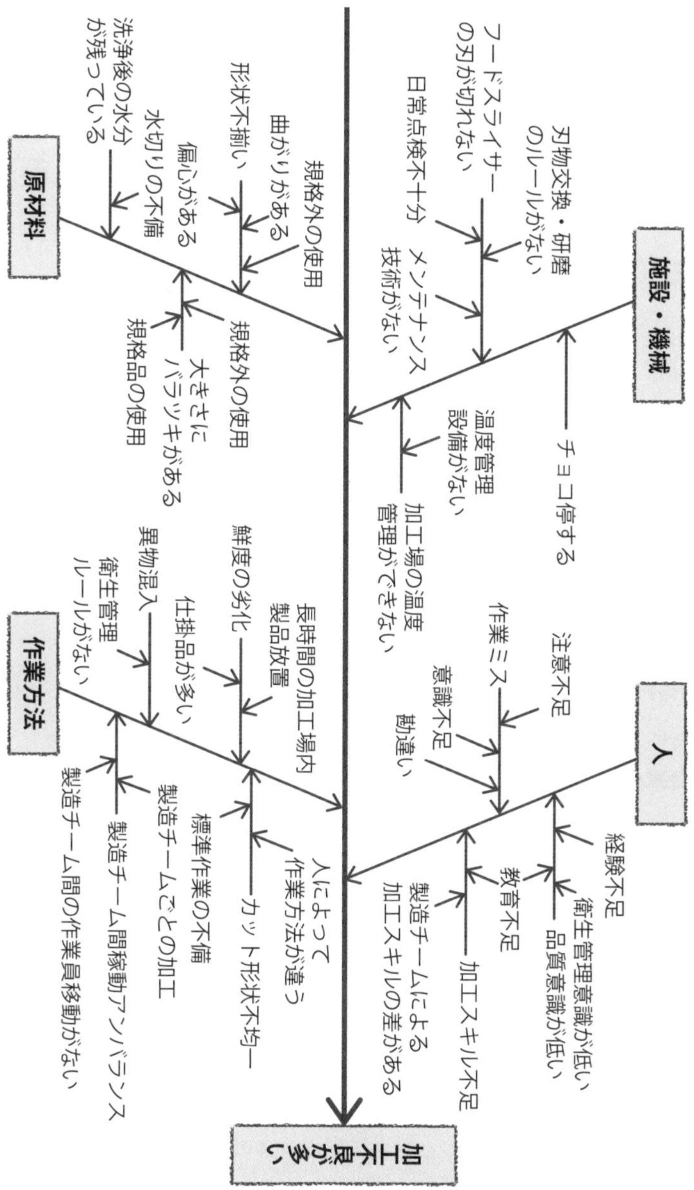

施設・機械
- 刃物交換・研磨のルールがない
- フードスライサーの刃が切れない
- 日常点検不十分
- メンテナンス技術がない
- 温度管理設備がない
- 加工場の温度管理ができない
- チョコ停する

原材料
- 形状不揃い
- 曲がりがある
- 偏じりがある
- 水切りの不備
- 洗浄後の水分が残っている
- 規格外の使用
- 規格外の使用
- 大きさにバラツキがある
- 規格品の使用

人
- 注意不足
- 作業ミス
- 意識不足
- 勘違い
- 経験不足
- 衛生管理意識が低い
- 品質意識が低い
- 教育不足
- 製造チームによる加工スキル不足
- 加工スキルの差がある
- 製造チーム間の作業員移動がない

作業方法
- 鮮度の劣化
- 長時間の加工場内製品放置
- 仕掛品が多い
- 異物混入
- 衛生管理ルールがない
- 人によって作業方法が違う
- カット形状不均一
- 標準作業の不備
- 製造チームごとの加工
- 製造チーム間稼動アンバランス

加工不良が多い

出典：平成28年度中小企業診断士2次本試験より

06 ECRSの原則・効率化の3S・職場管理の5S

改善の4原則ともいわれるECRSの原則、
効率化を助ける3Sはあわせて活用したい

工程や作業現場、作業者の動作などを改善する場合、ECRS（イクルス）の順で検討します。これは**改善の手間が少ない順**になっています。

①E（Eliminate「排除する」）：なくせないか。ムダな作業や段取りなどを省きます。

②C（Combine「結合する」）：一緒にできないか。バラバラに行っている作業をまとめたり、1か所に集めたりすることを検討します。

③R（Rearrange「交換する」）：順序を変更できないか。作業する順番を入れ替えることで楽になったり、手間が省けたりする可能性を検討します。

④S（Simplify「簡素化する」）：簡素化・単純化できないか。複雑な手続きや手順、作業のやり方自体を再検討します。

生産活動や企業活動を合理化・効率化するときに検討するのが3Sです。

①単純化（Simplification）：設計や製造、製品、業務、手法やシステムを減らし、簡略化することです。

②標準化（Standardization）：繰り返し行われる業務を標準化し（一定の方法を定め）、管理しやすくします。モノ（材料・部品・資材など）の標準化と方法（作業・管理・手続き）の標準化があります。

③専門化（Specialization）：生産工程や生産システム、工場などで、特定の機能や製品品種に特化することで効率的な生産を図ります。

また、**5S**と呼ばれる職場管理の基本的な前提となるものもあります。これは「**整理・整頓・清掃・清潔・しつけ**」のローマ字表記の頭文字Sから名付けられています。5Sを徹底することで、製造現場では生産性が高まり、従業員のモラール（士気・やる気）も向上する効果があります。また、現場で5Sが徹底できていると、外部の訪問者からの信頼性も高まります。ひいては、企業利益にも直結する重要な活動と言えるでしょう。

改善の順序を示すECRS

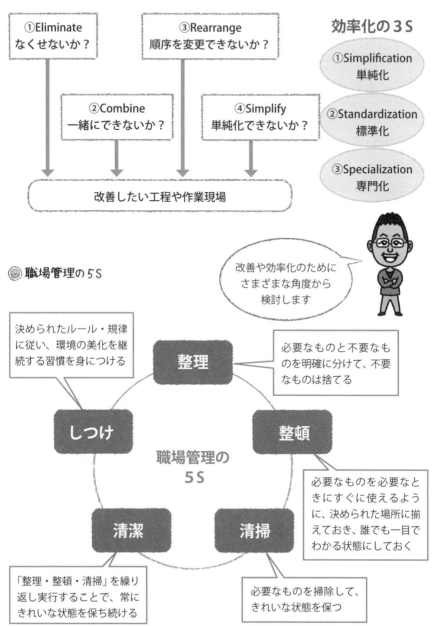

①Eliminate
なくせないか？

③Rearrange
順序を変更できないか？

②Combine
一緒にできないか？

④Simplify
単純化できないか？

改善したい工程や作業現場

効率化の 3 S

①Simplification
単純化

②Standardization
標準化

③Specialization
専門化

◎ 職場管理の 5 S

改善や効率化のために
さまざまな角度から
検討します

整理
必要なものと不要なものを明確に分けて、不要なものは捨てる

しつけ
決められたルール・規律に従い、環境の美化を継続する習慣を身につける

整頓
必要なものを必要なときにすぐに使えるように、決められた場所に揃えておき、誰でも一目でわかる状態にしておく

職場管理の
5 S

清潔
「整理・整頓・清掃」を繰り返し実行することで、常にきれいな状態を保ち続ける

清掃
必要なものを掃除して、きれいな状態を保つ

07 生産計画

生産計画は生産の全プロセスに及ぶ
日程、手順、必要な作業量…何をどう決める？

さまざまな生産計画

「生産計画」とは、生産量や生産時期を決めたものです。いくつかの種類があります。

❶日程計画：大日程計画・中日程計画・小日程計画に分かれます。

・**大日程計画**　半年〜1年ほどの計画で、大まかな予想や期待値、推計値をベースに立案されます。設備や人員など、必要な経営資源の全体像を把握し、ざっくり見積もる段階です。

・**中日程計画**　1〜3か月ほどの計画で、月度生産計画とも呼ばれます。月度単位で受注や需要、仕様や納期などについて、ほぼ確定した情報をベースに生産計画数量を設定します。主に資材などはこれから調達します。

・**小日程計画**　1〜10日ほどの細かい計画で、日々の作業レベルで何をするのか、開始予定や完了予定などを決めます。受注や仕様、納期など確定情報で、設備や人員、資材などもすべて手配されている前提で計画立案されます。

❷手順計画：製品を生産するにあたり、その製品の設計情報から必要作業や工程順序、作業条件を決める計画です。

　たとえば、料理のレシピを見ながら作業の順番を決めるイメージです。最初にお湯を沸かし、その間に材料を切る、沸騰したら投入してゆでている間に別のものをつくるといったように、効率よく作業を進めるための手順を計画します。

❸工数計画：製品の納期や生産量から、どれくらいの負荷（人数や機械の能力）が必要かを計算し、余力（168ページ）が最小になるように人員や機械の能力と負荷の調整を図ります。

◎ 生産計画のイメージ

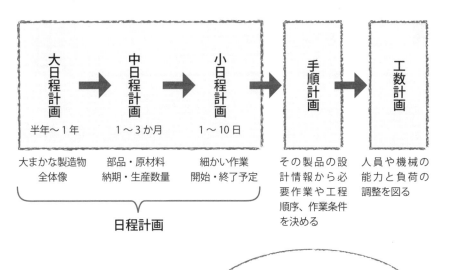

大日程計画	中日程計画	小日程計画	手順計画	工数計画
半年〜1年	1〜3か月	1〜10日		
大まかな製造物全体像	部品・原材料納期・生産数量	細かい作業開始・終了予定	その製品の設計情報から必要作業や工程順序、作業条件を決める	人員や機械の能力と負荷の調整を図る

日程計画

日程計画は、計画期間の長さで
大日程・中日程・小日程に分かれます。
手順計画や工数計画は、具体的に
生産の中身に関わる要素を計画します

ワンポイント

ほかにはどんな生産計画がある？

①基準日程計画：標準的な生産期間を決めるもので、日程計画のベースとなります。工程ごとに平均的な日程を定め、足し合わせて完成にかかる日数を算出します。納期から逆算すれば、いつ作業に着手すべきか目安がわかります。②負荷計画：生産部門または職場ごとに課す仕事量（生産負荷）を計算し、計画期間全体にわたって各職に割り付け、実際の工程の生産能力と比較して実現可能な計画に修正します。工数計画が全体で必要な仕事量を計算するのに対し、負荷計画は生産日程を期間全体にわたって各職に割り振ります。

08 生産統制

生産計画どおりに実施するために
何をどのように管理すればよいのか？

　せっかく生産計画を立てても、そのとおりに実行されなければ意味がありません。計画どおりに実施されるように**生産活動を管理し、計画と実績の差異に着目してその原因把握と対応策の策定を行う生産統制**が重要になります。生産計画（166ページ）のうち、日程計画に対しては**進度管理**、資材・部品計画に対しては**現品管理**、工数計画に対しては**余力管理**で対応します。

生産統制の3要素

❶**進度管理**：仕事の進行状況を把握し、日々の進み具合を調整する活動のことです。目的は**納期の維持**です。納期に間に合わないのは論外ですが、納期より早いのも問題です。仕掛品や在庫が増え、かえって非効率になるからです。そこで、早すぎず遅すぎず、適正な生産速度の維持が重要になります。

❷**現品管理**：工場内で保有している原材料や部品、製品などの**品物の状態を適正に管理する**ことです。「現物管理」ともいわれます。何がどこにどれだけあるかを正確に把握することで、現品を探す手間が削減され、資材も適正発注でき、無駄な在庫がなくなります。

❸**余力管理**：現在の負荷状況と現有能力を比較し、余力の有無や不足を確認して**仕事量を再配分することで能力と負荷を均衡させる**ことです。余力とは能力と負荷の差を表します。

・**能力＞負荷の場合**　作業の手待ちが生じて**生産性が低下**します。生産予定の繰り上げや受注ロットサイズの変更、他部署の応援に人員を回すことなどにより余力調整を行います。

・**能力＜負荷の場合**　納期に間に合わず、**遅延が発生**します。作業の再配分や作業方法・順序の変更、ロットサイズの変更、人員増員や残業対応などにより余力調整を行います。

◎ 生産統制の3要素と生産計画の関係

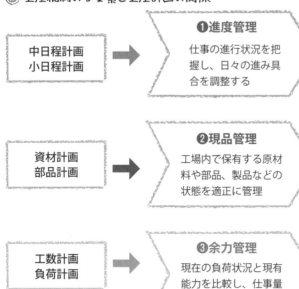

中日程計画 小日程計画	→	**❶進度管理** 仕事の進行状況を把握し、日々の進み具合を調整する
資材計画 部品計画	→	**❷現品管理** 工場内で保有する原材料や部品、製品などの状態を適正に管理
工数計画 負荷計画	→	**❸余力管理** 現在の負荷状況と現有能力を比較し、仕事量を再配分する

生産統制

生産計画どおりに実施されるように生産活動を管理する

◎ 余力管理

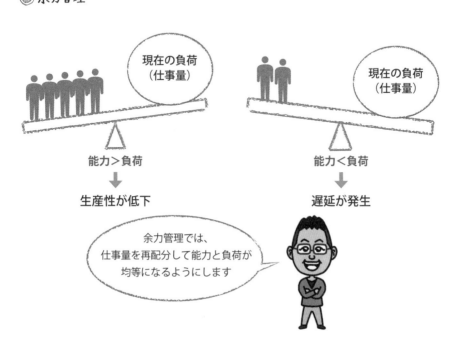

能力>負荷 → 生産性が低下

能力<負荷 → 遅延が発生

余力管理では、仕事量を再配分して能力と負荷が均等になるようにします

09 進度管理の手法

適切な生産速度を維持し、
納期を厳守するための手法

　進度管理の目的は、**納期の厳守とそのための生産速度の維持・調整**です。進度を調査するにあたって、**個別生産形態の場合は、計画に対してどこまで作業が進んでいるかを確認**します。**連続生産の場合は、計画数量に対して完成品数量を確認**します。以下のように、進度管理には、活用できるさまざまなツールがあります。

進度管理のツール

❶**カムアップシステム**：決められた期日にやるべきことをやったり、納期を厳守したりするように注意喚起するしくみです。日付ごとのフォルダや棚を用意し、その中にタスクや作業指示票などを完了期日が迫った順番に入れておくことで、その日時に必ず作業が行われるように管理することができます。

❷**製造三角図**：連続生産で用いられる管理図表です。縦軸に累計生産数、横軸に稼働日数を取り、右上がりの対角線を生産予定数とします。これに対して稼働日ごとに生産実績の累計を記載することにより、計画と実績のズレを把握することができます。

❸**流動数曲線**：縦軸に累計数量、横軸に日付を取り、受け入れた仕事の累計線と完成品累計線を記載します。受け入れ線と完成線のズレについて、縦軸方向は仕掛品の量を、横軸方向は生産リードタイム（停滞日数）を表します。

❹**ガントチャート**：日程計画や日程管理のために、計画と実績の進捗度を目に見えるように表したものです。一般的に、横軸は日程（月・週・日数・時間)を表します。縦軸には、さまざまな管理要素を割り当てることができます。たとえば、工程、個人、機械、仕事など、それぞれの項目別に、計画と実績を横長の長方形で表し、直感的に進捗状況が把握できるようになっています。

◎ 進度管理のツール

❶カムアップシステム

納期順に並べてある

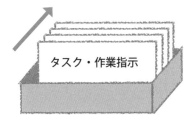

タスク・作業指示

❷製造三角図

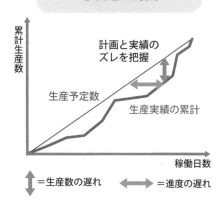

累計生産数

計画と実績の
ズレを把握

生産予定数

生産実績の累計

稼働日数

↕ ＝生産数の遅れ　　⟷ ＝進度の遅れ

❸流動数曲線

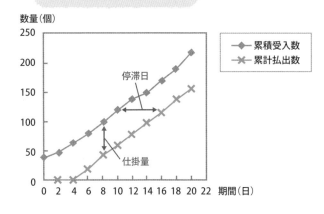

数量（個）

◆ 累積受入数
✕ 累計払出数

停滞日

仕掛量

期間（日）

❹ガントチャート

	→ 累計日数							
	0	1	2	3	4	5	6	7　　8
設計	予定 実績							
生産計画								
資材調達								
加工								
検査								

10 内外作区分と外注管理

何を社内で行い、
何を外部企業に任せ、どう管理するかを決める

　内外作区分（ないがいさくくぶん）とは、自社で**内作**（内製）するか、**外注**（外作、外製）にするかを決めることです。**双方を比較して、有利なほうを選択**します。判断基準として、以下のようなポイントがあります。

❶ Q（品質面）：高品質か。自社の技術が外注先へ流出しないか。

❷ C（コスト面）：製造コストが安いか。

❸ D（納期面）：納期が早いか、守れるか。

❹経営資源の補完：自社にない設備や技術を有効活用できるか。

❺不確実性：販売見通しの不確実性が高く、内作するリスクが高いか。

外注管理のチェックポイント

　外注とは、自社（発注者側）の指定する設計・仕様・納期によって、**外部の企業**（外注企業や協力工場ともいう）**に、部品加工または組立を委託する方法**のことです。外注は、市場の部品や材料を購買するのとは異なりますので、企業内の生産活動を補完する位置づけとして、購買管理とは別に外注管理が必要です。

　管理方法として、巡回や出向、研修や教育などがあります。チェックポイントとしては、以下が挙げられます。

❶技術：QCD に直結する要素を管理します。作業方法や最新技術の導入状況、原価低減や標準化の度合いなどを確認し、必要があれば指導を行います。

❷設備：機械設備や工場のレイアウトなどをチェックします。外注先が中小企業の場合、設備投資や設備レイアウトなどが非効率的なことも多いため、指導による生産性向上の余地が大きいといわれています。

❸経営管理：外注先の経営に関連する要素をチェックします。組織・人事面、幹部・従業員の育成、経理面などの指導を行う場合もあります。

◎ 内外作区分とコアコンピタンス

	自社のコアコンピタンス に関わる技術や工程	汎用性が高い 自社のコアではない技術や工程
内作のほうが コストが安い	必ず内作	外注先の育成、 研修や教育の実施により、 コストダウンを図る
外作のほうが コストが安い	コアコンピタンスに 関わるので 内作化を検討し、 投資を実施する	必ず外作

◎ 外注管理のチェックポイント

技術

QCDに直結する
要素

外注管理

経営管理

組織や人事など、
経営に関する要素

設備

設備投資や
設備レイアウトなど

外注先は、自社製品の
QCDに関わる重要な
パートナーとして、重点的な
管理が不可欠ですね！

11 QC7つ道具と 新QC7つ道具

品質管理に不可欠な
合計14の手法を押さえよう

　QCとはQuality Controlの略で、**品質管理**を表します。そして、製造現場において、つくった製品の品質が一定の水準以上にあるのか、バラツキはないかなど、7つの観点からチェックする手法として**QC 7つ道具**があります。以下のように、QC 7つ道具を活用することで、問題の原因を探ったり、数値データを用いて定量的な分析をしたりすることができます。

❶**パレート図**：問題点や不良などを出現頻度の高い順に並べて、累積件数や比率を**折れ線グラフ**で表したものです。**どの問題点が多いかがわかる**ので、問題解決の優先順位をつけやすいのが特長です。これを在庫管理に応用したものが**ABC分析**（180ページ）です。

❷**ヒストグラム**：データの分布状況をいくつかの区間に分けて棒グラフで表したもので、度数分布図とも呼ばれます。**データのバラツキを分析**できます。つりがね型で左右対称の状態が理想的です。すその部分が横に広がるほど、バラツキが大きくなります。テストの成績分布などでよく見る図ですね。

❸**散布図**：2つのデータに相関関係があるかどうかを調べるために、観測値を打点したものです。**右肩上がりなら正の相関**、**右肩下がりなら負の相関**となります。また、離れた場所に打点されたデータは異常のサインとしても役立ちます。

❹**チェックシート**：事実を確認してチェック・点検をするために、定量的に度数をチェックするための記録表です。会議などで意見をまとめるときに「正」の字で数を数えたことがあると思いますが、それと似ていますね。

❺**管理図**：データを時系列に並べて、上限・下限の範囲内でのデータの分布を見ることで、**異常値を検知**するためのものです。データの並び方にくせが出る（例：上昇傾向・下降傾向、片側にかたよっている）場合も正常でない可能性があるので、原因追及が必要になります。

◉QC 7つ道具

①パレート図

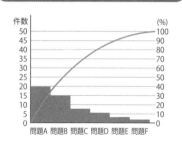

②ヒストグラム

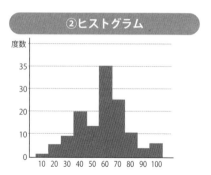

③散布図

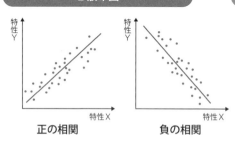

④チェックシート

現象	不良数	合計
キズ	〃〃 〃〃 ///	13
変形	〃〃 //	7
ムラ	///	3
バリ	〃〃 〃〃 ////	14
割れ	〃〃 ////	9

⑤管理図

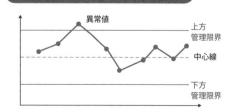

⑥特性要因図（フィッシュボーン）

⑦層別

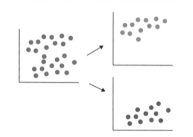

❻特性要因図（フィッシュボーン）：**ある結果（特性）とその原因（要因）の関係を系統的に表した図**です。魚の骨に形状が似ていることから、フィッシュボーンと呼ばれます。他の6つの道具と異なり、言語データを扱うのが特徴です。

❼層別：データをいくつかのグループ層に分類することです。たとえば、作業員別に製品を層別すると、誰の製品に問題があるのかが明確になります。このように、**品質のバラツキの原因を探る**ことができます。

新 QC 7つ道具

新 QC7つ道具は、主に言語データを用いて定性的な分析をするのが特徴です。

❶親和図法：バラバラの情報を言葉の持つ意味合いの**親和性（類似性）でひとくくりにしてグルーピングすることで問題解決を図る**手法です。研修などでよく使われ、KJ法と呼ばれることもあります。

❷連関図法：因果関係をつないでいく図です。複数の要因が互いに関係しているような場合に、**因果関係を整理**しやすくなります。

❸系統図法：**目的に対して、どういう手段が必要かを掘り下げて考える**ための樹形図です。「そのためにはどうする？」と考えを深めます。

❹アローダイヤグラム：矢印（アロー）で作業の実施手順やフローを図式化したものです。PERT図とも呼ばれ、スケジューリングなどに活用します。

❺ PDPC 法（Process Decision Program Chart）：**目標に向けて、複数の計画を立てる方法**です。悲観的なシナリオ・楽観的なシナリオなどを事前に用意しておくことで、不測の事態になっても迅速な対応が図れます。

❻マトリックス図法：問題となっている事象と対応する要素を縦と横に配置し、それぞれの交点について考えることで**問題解決の着眼点を得ます**。

❼マトリックスデータ解析法：多変量解析では「主成分分析」とも呼ばれます。**多数の数値データの中から相関関係などを見出す**ことができます。他の6つの道具と異なり、数値データを扱うのが特徴です。

◎ 新 QC 7つ道具

①親和図法

職場の問題点

人の問題
- コミュニケーション不足
- 相談しにくい
- 仲が悪い
- ……

業務の問題
- 手続きが多い
- 残業
- 帰りにくい
- 有休取得
- ……
- ……

②連関図法

③系統図法

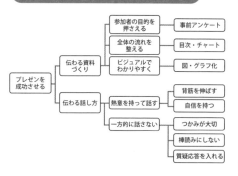

④アローダイヤグラム

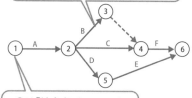

→は作業を表す（A、B…は作業名）
-->は「ダミー」といい、実際の作業はなく、作業の順序関係だけを表す

○は「結合点」といい、ある作業の終了と次の作業の開始を表す

⑤PDPC法

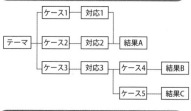

⑥マトリックス図法

		効果			
		品質向上	費用削減	納期短縮	安全性向上
対策	器具・工具の整頓	○	◎	○	○
	機械の清掃	◎		○	◎
	不良在庫の処分	△	◎		
	現場の清掃維持		△	◎	

⑦マトリックスデータ解析法

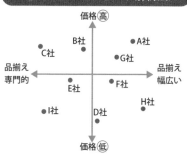

12 JITとかんばん方式

「必要なモノを・必要なときに・必要なだけ」という
トヨタが生んだ徹底的なムダ排除法

JITとはJust In Time（ジャスト・イン・タイム）のことで、トヨタ生産方式の基本思想です。**必要なモノが必要なときに必要なだけ提供されるように、後工程の要求に合わせて生産すること（後工程引取り方式、引っ張り方式）で、ムダを徹底的に省きます。**前工程がどんどんつくる押し出し方式ではモノをつくりすぎたり、生産スピードの違いにより仕掛品が滞留したり、工程によって遊休時間があったりなど、ムダが生じる可能性があります。

トヨタ生産方式を実現するために、**自働化**と**かんばん方式**があります。自働化は「自動」と区別して「にんべんのついた自働化」と呼ばれます。

自働化とかんばん方式

自働化とは、生産ラインや機械設備の**異常や不良品が発生した際に、作業者や機械が自ら生産ラインや機械の自動運転を止めるしくみ**です。作業者や機械が異常を検知してラインを停止した場合には、「アンドン」と呼ばれる表示盤にその工程が表示されます。これにより、どこで問題が発生したかを即座に把握し、原因究明を徹底的に行うことができます。このように一目で問題がわかるしくみを、**目で見る管理**といいます。

かんばん方式とは、**後工程引取り方式を実現する際に、「かんばん」と呼ばれる作業指示票を利用して生産指示や運搬指示をするしくみ**です。「引取りかんばん」と、「仕掛けかんばん」の2種類があります。
①前工程で製造された部品Aに仕掛けかんばんをつける。
②部品Aから仕掛けかんばんをはずし、引取りかんばんをつける。
③部品Aから引取りかんばんをはずし、後工程へ流す。再び引取りかんばんを持って部品Aを取りに行く。はずされた仕掛けかんばんは、そのまま前工程の生産指示になる。これにより、つくりすぎや手待ちのムダが発生しない。

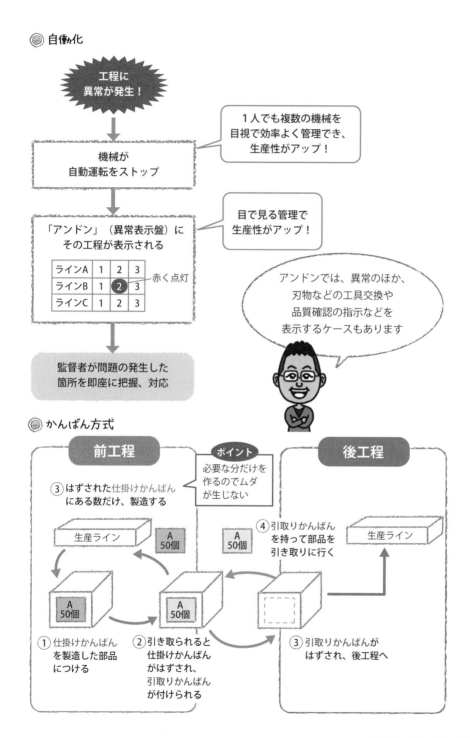

◎ 自働化

工程に
異常が発生！

機械が
自動運転をストップ

1人でも複数の機械を
目視で効率よく管理でき、
生産性がアップ！

「アンドン」（異常表示盤）に
その工程が表示される

ラインA	1	2	3
ラインB	1	2	3
ラインC	1	2	3

赤く点灯

目で見る管理で
生産性がアップ！

アンドンでは、異常のほか、
刃物などの工具交換や
品質確認の指示などを
表示するケースもあります

監督者が問題の発生した
箇所を即座に把握、対応

◎ かんばん方式

前工程

ポイント
必要な分だけを
作るのでムダ
が生じない

後工程

③ はずされた仕掛けかんばん
にある数だけ、製造する

生産ライン

A
50個

A
50個

④ 引取りかんばん
を持って部品を
引き取りに行く

生産ライン

A
50個

A
50個

① 仕掛けかんばん
を製造した部品
につける

② 引き取られると
仕掛けかんばん
がはずされ、
引取りかんばん
が付けられる

③ 引取りかんばんが
はずされ、後工程へ

13 ABC分析

何をどのように管理すれば最も効果的か？
在庫管理の定番手法で分析する

　多品目を管理する際には、製品によって在庫を多く持つべきか減らすべきか、見きわめなくてはなりません。そこで、**売上高や売上数量に着目して、大きい順に並べたパレート図を活用**したABC分析を行います。80：20の法則（パレートの法則）を聞いたことはありませんか。在庫に当てはめると、わずか20%の商品で全体の80%の売上を占めているという経験則です。おおむね、どの業態でもこの数値に近い状態になるようです。面白いですね。

ABC分析の手順

手順①　まず、POSデータや売上台帳などから、縦軸に売上金額や売上数量を取り、横軸に品目を売上の多い順に並べます。その順に売上を累計し、総売上に対する累積構成比を算出し、以下、A、B、Cにランク分けします。

手順②　**累積構成比が総売上の7～8割を構成している品目はA品目**と位置づけ、重要管理対象とします。そのため、**定期発注方式**を採用し、定期的に在庫調査を実施します（発注方式については182ページ）。

手順③　累積構成比で**8～9割まで占める品目をB品目**と位置づけ、適正数量や安全在庫、発注方法や数量について検討します。発注方式は**定量発注方式**とします。ただし、金額が大きいものについては、例外的に定期発注方式とし、ロスを最小限に抑えます。

手順④　それ以外を**C品目**と位置づけ、極力在庫を持たないように、または管理コストが極小になるように管理方法を見直します。発注方式は**ダブルビン方式**や**当用買い方式**で労力をかけないようにします。

　在庫は顧客に売れてカネに代わらないかぎり、企業にとっては収益を圧迫する要因になります。適正在庫を維持し収益性を高めるためにも、ABC分析で在庫の分類・管理をすることが重要です。

ABC分析

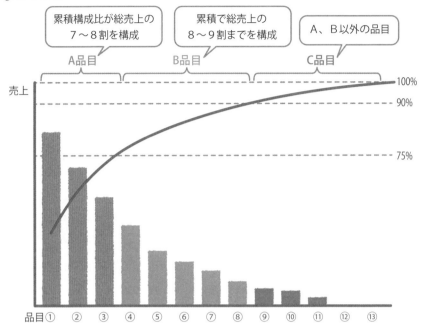

累積構成比が総売上の7〜8割を構成 — A品目

累積で総売上の8〜9割までを構成 — B品目

A、B以外の品目 — C品目

売上

100%
90%
75%

品目① ② ③ ④ ⑤ ⑥ ⑦ ⑧ ⑨ ⑩ ⑪ ⑫ ⑬

製品は、品目ごとに重要度を分けて管理することがポイントです

📖 ワンポイント

当用買い方式とは？

必要に応じて、足りなくなったらそのつど、購入する方式です。在庫リスクと保管コストの低減が可能ですが、入手困難な資材には適用が難しいため、コピー用紙や文房具など、比較的入手が容易な資材で用いられることが多いです。

14 在庫管理と発注方式

最適な在庫状態を維持できるかは
発注方式がカギを握っている

　自分の家の冷蔵庫に何がどれだけ入っているか、すぐにわかりますか。私はビールの本数だけは把握しています。でも、卵の数や牛乳の量、個別商品の賞味期限まで把握している方はなかなかいないでしょう。冷蔵庫であれば、足りなくなったらスーパーへ買いに行けばいいですが、これが資材や商品となると、厳密に管理し、適正在庫を保持しなくてはなりません。**在庫は多すぎても少なすぎてもデメリットが生じる**からです。

　在庫が過剰な場合は在庫保管費用の増加、棚卸資産増加によるキャッシュフローの悪化、死蔵在庫の場合の廃棄コストや廃棄損の発生など、コスト面でかなりのマイナスが生じます。冷蔵庫であれば、入れすぎによる冷蔵効率の悪化、新しい食品を入れるスペースがない、賞味期限切れによる廃棄ロスなどと同じですね。

　在庫が不足する場合、店舗であれば品切れによる販売機会損失や信用度の低下、製造業であれば資材の欠品による製造リードタイムの長期化や緊急発注に伴うコスト発生などのマイナスが生じます。冷蔵庫でも、食べるものが足りなければ買い物に出かけたり、出前を頼んだりするなど、手間やコストがかかることがあるでしょう。

さまざまな発注方式

　適正在庫を維持するためには、取り扱う商品や資材に合わせた発注方式が必要になります。代表的な発注方式として**定量発注方式**、**定期発注方式**があります。

❶**定量発注方式**：在庫が一定の量まで減ったときに、決められた量を発注する方式です。ABC分析では主に**B品目の管理に活用**されます。たとえば、冷蔵庫のビールが残り２本になったら、１ケース買いに行くようなイメージ

◉ 主な在庫管理と発注方式

A品目

定期発注方式

一定期間ごとに在庫を確認するとともに需要予測を行い、必要量を都度計算して発注する方式。主にA品目の管理に活用。

B品目

定量発注方式

在庫が一定の量まで減ったときに、決められた量を発注する方式。主にB品目の管理に活用。

在庫 → 発注

C品目

ダブルビン方式（複棚法、2棚法）

2つの入れ物や棚、箱などを用意し、そこに対象在庫を入れ、片方がなくなったら発注する方式。出庫ペースが速い場合は、棚を3つ用意する3棚法で対応。C品目や、単価が安い商品、安定的な出庫ペースのものなどに活用。

C品目

発注点・補充点方式

決められた発注点に達した場合に、補充点まで補充する方式。

C品目

定期補充点方式

定期的に在庫確認し、決められた在庫量（補充点）までを発注する方式。

📖✏ **ワンポイント**

在庫は多すぎても少なすぎても問題がある

在庫過剰の問題点：在庫管理費用の増加やキャッシュフローの悪化、死蔵在庫の場合、製品の製造費用や保管物流費用の損失など。
在庫不足の問題点：製品の欠品による販売機会ロス、資材の欠品による生産リードタイムの長期化など。

です。発注点と発注量が決められているため、管理が容易でシステム化しやすいメリットがあります。

　一方、発注する量が常に一定のため、需要によっては欠品や過剰在庫が発生する可能性が高くなります。そのため、発注してから納品までの時間がかかる商品や資材には不向きです。適正な発注量を決めるためには、発注コストと在庫コストのバランスを考える**経済的発注量**（**EOQ**：Economic Order Quantity）を求めます。1回の発注量が多ければ全体の発注回数が減るので発注コストは下がりますが、在庫コストは高まります。逆に1回の発注量が少なければ在庫コストは減りますが、発注回数が増えるので発注コストは高まります。この2つの要因が均衡する点がEOQです。

❷**定期発注方式**：一定の期間（週間・月間など）ごとに在庫を確認するとともに需要予測を行い、必要量を都度計算して発注する方式です。ABC分析では主に**A品目の管理に活用**されます。たとえば、毎週月曜日に1週間分のビールを買いに行くようなイメージです。週末に知人が家に来る予定があれば多めに購入したり、泊まりがけの出張がある場合は購入量を減らしたりしますね。このように、定期発注方式はきめ細かな対応が可能で適正在庫水準が維持しやすいメリットがあります。一方、調達リードタイムを考慮した需要予測や在庫確認などの管理が煩雑で、ある程度の熟練が必要です。

❸**その他の発注方式**：ABC分析の**C品目の管理や、単価が安い商品、安定的な出庫ペースのものなどに活用**する方法として、**ダブルビン方式**（複棚法、2棚法）があります。2つの入れ物や棚、箱などを用意し、そこに対象在庫を入れ、片方がなくなったら発注する方法です。出庫ペースが速い場合は、棚を3つ用意する3棚法で対応できます。

　定期補充点方式は、定期的に在庫確認して決められた在庫量（補充点）までを発注する方式です。たとえば、毎週月曜日に車のガソリンメーターをチェックして、決められた量（満タンなど）まで給油するイメージです。

　同様に、**発注点・補充点方式**は、決められた発注点に達した場合に補充点まで補充する方式です。ガソリンの例で言えば、給油ランプがE線の手前まで来たら満タンにするような場合です。

◎ 経済的発注量（EOQ）のグラフ

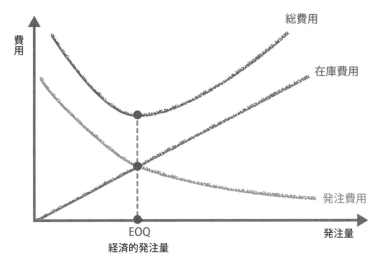

費用

総費用

在庫費用

発注費用

EOQ
経済的発注量

発注量

◎ ダブルビン方式

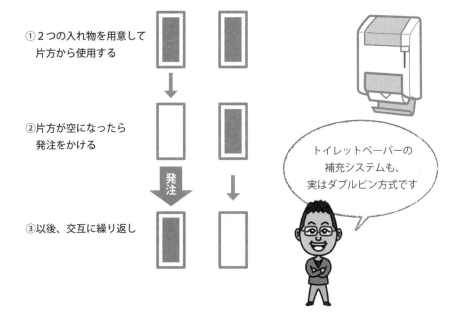

① 2つの入れ物を用意して
　 片方から使用する

② 片方が空になったら
　 発注をかける

発注

③ 以後、交互に繰り返し

トイレットペーパーの
補充システムも、
実はダブルビン方式です

15 商品価値を最大化する VAとVE

製品やサービスの価値を最大化するには
VAとVEの考え方を知ることが不可欠

　公益社団法人日本バリュー・エンジニアリング協会によると、VE（Value Engineering）とは、**製品やサービスの「価値」を、それが果たすべき「機能」とそのためにかける「コスト」との関係で把握し、システム化された手順によって「価値」の向上を図る手法**のことです。**製品やサービスの価値に対するコストと機能の関連を分析する VA**（Value Analysis：価値分析）の手法を、製品設計や製品開発まで適用したものが VE です。

VE における価値・機能・コストの関係性

❶**価値**：V（価値）＝ F（Function：機能）÷ C（Cost：コスト）で定義されます。「分母を減らす」か「分子を増やす」ことで価値を高めることができます。具体的には、以下の4パターンが考えられます。

　・コストを下げて、機能を一定に保つ
　・コストを下げて、機能を上げる
　・コストを一定に保ち、機能を上げる
　・コストを上げて、機能をさらに上げる
　機能を下げるという選択肢はありません。

❷**機能**：使用機能と貴重機能（魅力機能）、基本機能と補助機能などに分類されます。たとえば、ハサミにとっての基本機能は紙を切ることで、握りやすくするのは補助機能、デザインをよくするのは貴重機能です。このように機能といってもさまざまあり、要素ごとに分けて考えることがポイントです。

❸**コスト**：製品開発から販売・回収・廃棄に至るまでのすべてを包括した**ライフサイクルコスト**を考慮したものとされています。単に製造にかかるコストだけではなく、メンテナンス、物流、部品交換や廃棄にかかるコストなどすべてが含まれます。

◎ VE の考え方

価値UPのためには

$$V（価値） = \frac{F（機能）}{C（コスト）}$$

機能	→	↑	↑	↑
コストダウン	↓	↓	→	↑

4パターンの組み合わせで価値を最大化!

「機能を下げる」
という選択肢は
ありません

📖 ✍ **ワンポイント**

知っておきたい「VEの5原則」

①使用者優先の原則：メーカーの利益追求ではなく、使用者の欲求を満たす。
②機能本位の原則：常に使用者の必要とする機能を考え、何のための機能かを追求。
③創造による変更の原則：従来の知識に固執せず、新しい発想やクリエイティブな思考で改善。
④チームデザインの原則：多様な知識や経験を持つ専門家が意見交換し、シナジーを発揮。
⑤価値向上の原則：単なるコストダウンではなく、製品価値を高めてメーカー・使用者双方がメリットを得るようにする。

コンピュータで設計・生産をサポートするCAD/CAM

コンピュータを活用した自動制御で
工作機械が加工する

製造現場で、ドリルなどの工具を使って穴をあけたり表面を削ったりして材料を加工する機械を工作機械といいます。加工の際には、材料が熱を持ったり変形したりしないように、工具を動かすスピードや回転速度に留意が必要です。そこで、**数値制御**（**NC**：Numerical Control）の機能を備えた**NC工作機械**が多くの現場で使われています。たとえば、工具の座標位置(X・Y・Z軸の座標）や工具を動かすスピード、回転速度などの数値情報を入力することで、自動的に加工を行ってくれます。こうした数値情報はNC工作機械に手入力することもできますが、加工形状や加工法が複雑になるほど、入力情報も多く時間もかかります。そこで、パソコン上で数値データを作成し、NC工作機械にデータを転送できるソフトウエアが開発されました。

CADとCAMとは？

CADとはComputer Aided Design、**コンピュータ支援設計**のことです。古くは紙に手で描いていた設計図を、ソフトウエアの開発によりパソコン上で作成できるようになったのです。お絵描きアプリみたいなものと考えればいいですね。平面図の2次元CADと、立体図の3次元CADがあります。

CAMとはComputer Aided Manufacturing、**コンピュータ支援生産**のことです。CADで作成した設計データを、実際に生産するためのデータに変換するソフトウエアです。複雑な形状でも、NC工作機械が数値制御するためのデータを作成することができます。また、工作機械のドリル等の工具が材料に当たったり機械に干渉したりするなど、設計データに問題がある場合にも事前に発見することができます。

近年はCAD/CAMといって、両機能がセットになったソフトウエアが一般的です。支給されたCADデータを読み込んで編集することなども可能です。

◎ CADの3次元モデル

ワイヤーフレーム モデル	サーフェス モデル	ソリッド モデル
頂点と線（ワイヤー）のみで表現。データ量が少なく手軽ですが細かい分析には向いていません。割り箸で立体をつくるイメージです。	面のデータの集まり。中身は空洞のため、体積や重心計算はできません。折り紙で立体をつくるイメージです。	体積情報を持った立体。重心計算など複雑な構造解析ができます。粘土で立体をつくるイメージです。

サーフェスは「表面」、ソリッドは
「固体・密であるさま」という意味。
データ量はワイヤーフレームモデルが
最も少ないため、表示速度が速い利点があります。
コンピュータのスペックが向上した現在は、
データ量の多いソリッドモデルが主流です

ワンポイント

製品の安全性などを解析するCAEとは？

CAE（Computer Aided Engineering）とは「製品を製造するために必要な情報をコンピュータを用いて統合的に処理し、製品品質、製造工程などを解析評価すること」と定義されています。CADで作ったソリッドモデルのデータを用いて、製品の安全性や強度を解析するためのシステムです。自動車などが衝突した際にどのような影響があるかをデータ上でシミュレーションする際などに活用されます。

17 ISOシリーズ

産業分野の国際標準ISO認証は
顧客からの信頼獲得のためにぜひ取得したい

ISO とは International Organization for Standardization：**国際標準化機構**のことです。国家間で製品やサービスの共通規格を定めることにより、国際交易を促進しています。ISO 規格に準拠することで、高品質で信頼性が高い安全な製品・サービスが提供できることになります。そのため ISO 認証を取得することで、その製品やサービス、企業が国際的に定められた最低限の基準をクリアしていることを証明できます。

さまざまな ISO 規格

❶ ISO9000 シリーズ：品質マネジメントシステム

業種業態に関係なく、どんな組織でも認証を取得することができます。その組織が**顧客の要求を満たす製品やサービスを提供する体制（システム）**を持っていることを認証するものです。勘違いしやすいのですが、品質が高いことを保証するのではなく、継続的に品質の維持・向上を図れるしくみがあることを認証している点に注意が必要です。いずれにせよ、この認証を取れれば取引先からの信頼度が高まります。

❷ ISO14000 シリーズ：環境マネジメントシステム

地球環境への負荷軽減に配慮し、継続的に改善ができる組織的なしくみを有していることを示しています。

❸ ISO22000 シリーズ：食品安全マネジメントシステム

フードチェーンに関与する組織が認証取得できます。**消費者に安全な食品を提供する**ためのシステムがあることの認証で、食品安全管理手法の HACCP（ハサップ）を含む規格となっています。

◎ ISO規格認証の取得効果

①取引先やステークホルダーからの信頼性向上

②企業価値の向上

③ビジネスチャンスの拡大・取引先開拓のチャンス

④クレーム・不良・事故等の減少

⑤従業員の意識向上・教育効果

⑥経営理念や方針の全社的な浸透

⑦企業経営の基盤強化・さらなる成長発展

このように、ISO認証を取得することでさまざまな効果が期待できます

ワンポイント

ISOの名称の意外な由来

ISOというとInternational Organization for Standardizationの頭文字をつないでできた呼称だと思う方もいるかもしれませんね。実は頭文字表記にすると、どの言語で表記するかによってバラバラになるので、ギリシア語で「均質」を意味するisosにちなんで命名されたと言われています。国際標準化機構の名称が標準化できていなかったら面目が立たないですからね。

18 ボトルネックとTOC理論

全体の生産量を最大化する解決策は
仕掛在庫に着目すればわかる

　ボトルネックとは、その名のとおり、びん（ボトル）の首（ネック）の部分を指します。たとえば、ビールびんからビールを注ぐとき、一気に出てこないですよね。砂時計も同じです。ビールや砂の出てくる量は、首の部分の太さで決まります。首の部分が細いほど、なかなか通り抜けられずに少しずつしか通過できません。このように全体の流れが滞ることから、工程上で仕掛在庫が滞留して非効率となっている部分をボトルネックと呼ぶようになりました。つまり、**仕掛在庫がたまっている直後の工程がボトルネックになっている**わけです。

TOC 理論の概要

　TOC（Theory of Constraints：制約理論）は、エリヤフ・ゴールドラット博士によって提唱された経営改善の考え方です。生産工程の中にはボトルネック工程があり、それが**全体の生産量（スループット）を規定する**ため、**生産性はボトルネック工程の能力が上限（制約）となる**ということです。

　ボトルネック以上の能力で前工程が生産すると仕掛在庫がどんどん滞留しますし、ボトルネックの後工程は手待ちが発生してしまいます。まずは、全工程をボトルネックの生産能力に合わせた処理スピードにすることで、仕掛在庫を削減することが先決です。その後、ボトルネック工程を改善強化し、全体のスループットを向上させていきます。

　ただし、ボトルネックを解消したらそれで終わりではありません。工程にはまた新たなボトルネックが発生しますので、同様の手順で改善を重ねることによって継続的に生産性向上を図ることが重要です。

◎ ボトルネックとは

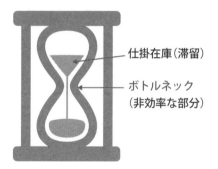

仕掛在庫（滞留）

ボトルネック
（非効率な部分）

◎ TOC の考え方

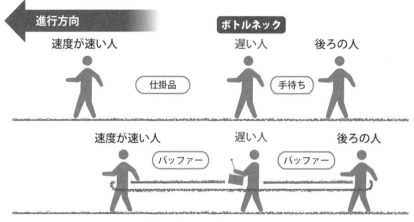

進行方向

速度が速い人　　　　　　　　遅い人　　　後ろの人

仕掛品　　　手待ち

ボトルネック

速度が速い人　　　　　　　　遅い人　　　後ろの人

バッファー　　　バッファー

ロープで結んで遅い人の速度に合わせる
＝ボトルネック工程の生産能力に合わせた処理スピードにする

⬇

仕掛在庫が削減できる

⬇

ボトルネック工程を改善強化する

⬇

全体のスループットが向上する

> イラストのようにして、スループットの最大化を図る手法を
> 「ドラム・バッファー・ロープ」と呼びます。先頭と最も遅
> い人をロープでつなぎ、最も遅い人のスピードに合わせてド
> ラムを叩き、スピードをそろえるイメージから来ています

19 多工程持ちと多台持ち

単能工を多能工化することは
合理化の基本ルール

　単能工とは、**1つの作業工程だけを処理する人**のことをいいます。たとえば、ラーメンをつくる作業工程を考えてみましょう。①お湯を沸かす、②麺をゆでる、③スープをつくる、④盛り付ける、という4工程とした場合、もし単能工しかいなければ、お湯を沸かす人、麺をゆでる人、スープをつくる人、盛り付ける人、合計4人の作業者が必要です。これは極端な例ですが、よほどの大量生産でないかぎり、ムダだなあと思われるでしょう。

　ではどうするかというと、**多能工化**を行うわけです。つまり、1人が複数の作業をできるように研修したり能力開発したりするわけですね。ラーメンの例で言えば、お湯を沸かしてゆでる人、スープをつくって盛り付ける人というようにすれば2人で済みます。**生産コストを下げるためには、多能工化は重要なポイント**になります。

掛け持ちにも2種類ある

　1人で複数のことを担当するのは合理化の基本です。その掛け持ちには2種類あります。1つは**多工程持ち**です。**1人が複数の工程を担当する**ことで、先のラーメンの例で言えば、沸かす・ゆでる・スープづくり・盛り付けの4工程のうち複数を1人が担当することになります。

　もう1つは**多台持ち**です。これは、**1人が作業機械を複数担当する**ことです。ラーメンの例で言えば、1人が複数の鍋で麺をゆでるイメージです。生産現場では、1人で複数の工作機械を担当すると、作業者は忙しく稼働率も高いですが、機械に着目すると、その作業者がある機械を使っているときはほかの機械は稼働していないことになるので、機械の稼働率が低下することが問題点となります。そこで、機械と作業者双方の稼働率が最も高くなるように作業台数や作業人数を決めることがポイントになります。

◎ 多工程持ちと多台持ち

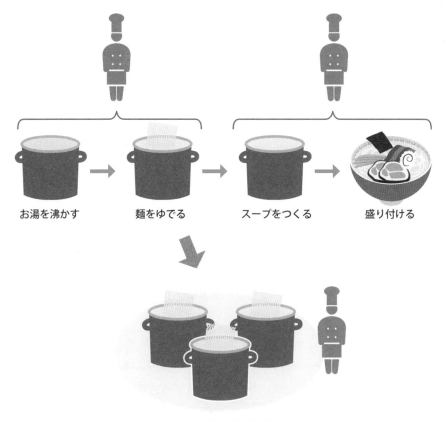

複数の工程を担当するのが多工程持ち

お湯を沸かす　　　麺をゆでる　　　スープをつくる　　　盛り付ける

１つの工程で、複数の機械を担当するのが
多台持ち

📖✒️ **ワンポイント**

多能工化は人手不足解消の切り札

従業員の多能工化によって得られる効果は、①従業員の能力向上、②業務平準化による従業員の負担軽減、③部署における業務処理能力向上、④従業員間のコミュニケーション増加による組織活性化、⑤休暇取得が容易になる、などがあります。このように、多能工化には生産合理化以外にもさまざまな効果があり、人手不足問題解決の切り札と言えるでしょう。

効果的な「生産・技術」の学習法
～苦手意識の原因とおすすめ克服法

　一般的な中小企業診断士の受験生は、1次試験の「運営管理（生産管理分野）」や2次試験の「事例Ⅲ（生産事例）」を苦手とする方が多い印象です。かくいう私も、受験1回目は事例Ⅲが苦手だった経験があるのでよくわかります。これには原因は3つあると考えています。

理由1　経験値：まず、メーカー勤務ではない方には製造現場のイメージがわかないという、経験値の問題です。これは、ネットで検索すると、動画コンテンツが多数見つかりますから、それらを見ることである程度、製造現場をイメージできるようになります。

理由2　知識不足：運営管理の知識不足という問題です。専門用語が多数出てくるため、ある程度暗記が必要なのですが、1つ目の経験値の問題と相まって使える知識が蓄積できていない方が多いようです。

　たとえば、事例のストーリーのなかで問題が起きていることはわかるものの、知識がないために解決策が提案できず、結果として得点も伸びず、苦手意識を助長してしまうのです。このケースでは、「問題点 → 解決策」をセットにしたパターンを多数用意する方法が有効です。

　　例　段取り替えの効率が悪い　→　内段取りの外段取り化

理由3　戦略視点の欠如：企業の戦略と生産管理がひもづいていないという「戦略視点の欠如」の問題です。たとえば、本書の第1章「総論～戦略論」や第2章「組織・人事」、第3章「マーケティング・流通」は、企業の戦略行動とひもづけて理解しやすく、事例を解くときにもすんなり戦略的な思考ができやすいのですが、生産・技術になるととたんに別世界のような感覚に陥ってしまうのです。生産管理は特別なものではなく、先人たちが試行錯誤しながら編み出してきた経営戦略の1つだと認識できれば、事例を解く際にも戦略思考で向き合うことができるようになります。いずれにしても、ある程度の訓練が必要です。

第 5 章

財務・会計

企業を財務的な側面から診断するために、財務諸表や経営分析、損益分岐点分析や設備投資の経済性計算などの基礎知識を学びます

01 貸借対照表（B/S）

企業の資産運用状況を表す報告書
経営状況がどういう状態かが分析できる

　みなさん、一度は**財務諸表**という言葉を聞いたことがあると思いますが、中小企業診断士が主にチェックするのはそのうち**貸借対照表**、**損益計算書**（200ページ）、**キャッシュフロー計算書**（202ページ）の3つです。ここでは、貸借対照表の概要について説明していきましょう。

　貸借対照表は、いわばカメラがとらえた一瞬の姿と言えます。つまり、**ある一時点における企業の財産状況をリストアップしたもの**だと考えてください。3月末に決算を行う企業であれば、期末の3月31日における財産リストだと考えればほぼ間違いありません。

貸借対照表の右側と左側は必ず合計が同額になる

　名前に「対照表」とあるように、左右に分かれた表形式になっています（右下図）。表の右側には「どこからお金を持ってきたのか（調達）」がリストになっています。たとえば、銀行から借りた借入金なのか、株主から振り込まれた資本金なのか、などです。反対に表の左側には、そのお金を「どのように使ったのか（運用）」がリスト化されています。たとえば、土地を買った、機械を買った、現金で持っているなどです。当然のことですが、調達した金額と運用した金額は等しい（バランスされている）状態になります。英語では、バランスシート（B/S）と呼ばれています。

　貸借対照表から、**借りたお金や稼いだお金を企業がどのように運用して、さらなる利益を上げようとしているのかを判断**することができます。また、企業体力に対して借金が多すぎないかなど、安全性を見ることもできます。そのほかに、内部留保をただ現金で持っておくのではなく、投資して企業の成長につなげているのか、または株主に配当するのかなど、さまざまな分析に用いることができます。

◎ 財務諸表とは？

Q 財務諸表とは？

A 企業が一定期間の企業活動や財務状況、経営成績などを表すために
作成した報告書類。決算により作成する。

Q 代表的な財務諸表は？

A ・貸借対照表（バランスシート、B/S）
表の右側に「どこからお金を持ってきたのか（調達）」、左側にその
お金を「どのように使ったのか（運用）」を記載。ある一時点（通常
は期末）における企業の財産状況を表している。

・損益計算書（P/L）
企業が1年間でどれだけ損失や利益を出したかを集計したもの（200ページ）。

・キャッシュフロー計算書（C/F）
営業・投資・財務の3つの側面から、1年間の企業のお金の流れを見るもの
（202ページ）。

◎ 貸借対照表（B/S）の構成

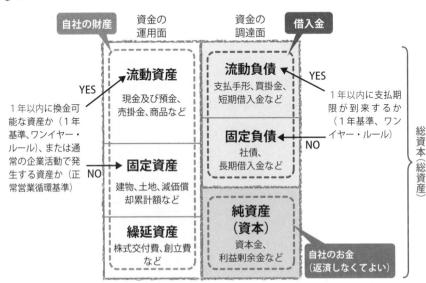

02 損益計算書（P/L）

1年間の収益と費用を足し引きし、
経営成績が明らかになる"企業の年間成績表"

　損益計算書は、企業が1年間でどれだけ売上を出し、結果としてどれだけ利益（または損失）を上げたのかを見るものです。いわば、1年間の成績表ですね。英語では Profit & Loss Statement（P/L）と呼ばれています。3月末に決算を行う企業であれば、4月1日（期首）から翌年3月31日（期末）の期間における数値を集計したものになります。「計算書」という名前のとおり、さまざまな利益の計算ができるような記載ルールとなっています。一番上に売上高を記載し、その下には費用や収益が記載されています。つまり、**売上高から費用を引き、収益を足して、最終的な利益（または損失）がわかる**ようになっています。まるで、上から下に水が流れるごとく、最終的にどれだけの水（お金）が残るのかを見るための表だと言えるでしょう。

5つの利益

　損益計算書では、5つの利益を上から順に計算していきます。利益を段階的に見ることで、どこで儲け、どこで損失が出ているかが分析できます。

❶売上総利益：いわゆる**粗利益**。売上高から原材料や仕入れの金額を引きます。

❷営業利益：売上総利益から、販売に関する費用を引いたものです。販売員の給与や広告宣伝費など、売るためにかかったコストを差し引きます。

❸経常利益：営業利益に、銀行への利息支払いや営業以外で得た利益などを足し引きしたものです。

❹税引前当期純利益：経常利益に、特殊な利益や損失を足し引きしたもの。有価証券の売却益や固定資産売却損など、あまり生じない特殊要因を加味します。

❺当期純利益：税引前当期純利益から法人税等を差し引いたもので、**企業の最終利益**となります。

◎ 損益計算書（P／L）

損益計算書
自　××年4月1日
至　×〇年3月31日

売上高	×××
売上原価	×××
売上総利益	×××
販売費及び一般管理費	×××
営業利益	×××
営業外収益	×××
営業外費用	×××
経常利益	×××
特別利益	×××
特別損失	×××
税引前当期純利益	×××
法人税、住民税及び事業税	×××
当期純利益	×××

【各種利益の算出方法】

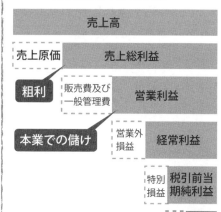

企業の1年間の
成績表ですね

ワンポイント

「年商」と「年収」の違いは？

マスコミで「年商10億円の社長」「年収5,000万円の社長」のように
取り上げられていることがありますが、どちらがもうかっているで
しょうか。実はこれだけでは判断できません。損益計算書で言えば、
年商は売上高が10億円ということ。ここから経費が引かれるので、
社長の年収は数百万円かもしれません。一方、年収は実際に収入と
して社長が手にしているものなので、その額面で判断できます。

キャッシュフロー計算書 (C/F)

1年間の資金（キャッシュ）の増減を把握し、
収益力や支払い能力などを見る

キャッシュフローとは「現金（キャッシュ）の流れ（フロー）」を意味し、キャッシュフロー計算書は、**企業の活動を３つに分けて、１年間でどのようなお金の流れがあったのかを見る**ものです。たとえば今、あなたの財布に10,000円入っているとしましょう。１週間を振り返ってみると、財布の中の金額は変動しているはずです。モノを買った、飲食店で食べた、預金を引き出したなど、いろいろな経済活動を経た結果として現在の10,000円になったわけですね。企業のキャッシュフロー計算書も、それと同じです。

キャッシュフローには３タイプある

企業活動を３つに分けて、お金の流れを把握するようになっています。

❶営業活動によるキャッシュフロー：企業が本業で獲得したキャッシュのことです。たとえば、帳簿上で売上が100万円あったとします。顧客がクレジットカードで支払ったため、入金は２か月後だとすると、実際に手元に100万円はありません。このように後からお金が入ってくる権利を売掛金といいますが、売掛金は帳簿上の売上がキャッシュになっていない状態のため、その増加は**キャッシュフロー的にはマイナスと評価**されます。ほかにも、在庫（棚卸資産）も売れるまではキャッシュにならないので、その増加はマイナス要因です。これらを加味して、営業で得たキャッシュを計算します。

❷投資活動によるキャッシュフロー：企業が設備投資や有価証券の売買をしたことによって動いたキャッシュです。投資キャッシュフローがプラスなら、資産を売却してキャッシュを得ていることになります。マイナスなら、積極的に投資していることになり、成長期待が高まります。

❸財務活動によるキャッシュフロー：主に金融機関から借り入れたキャッシュの動き。プラスなら借金が増え、マイナスなら返済したことを表します。

◎ キャッシュフロー計算書のしくみ

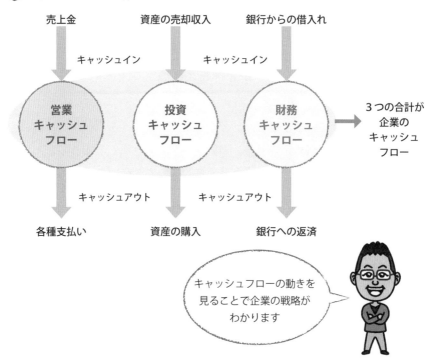

キャッシュフローの動きを見ることで企業の戦略がわかります

ワンポイント

直接法と間接法

キャッシュフロー計算書の書式には「直接法」と「間接法」があります。その違いは、営業キャッシュフローにおける小計（利息や法人税を払う前）までの計算方法の違いです。なお、小計の金額は直接法でも間接法でも同じになることは言うまでもありません。

①直接法：1年間の営業収入から始まり、そこから原材料や商品仕入による支出、人件費の支出、その他営業支出を差し引くことで、小計を求めます。取引の流れがつかみやすい一方で、作成にとても手間がかかるというデメリットがあります。

②間接法：税引前当期純利益から始まり、減価償却費など現金支出のない費用項目や売上債権・棚卸資産・仕入債務の増減を加味した調整をすることで小計を求めます。すでにある損益計算書と貸借対照表から作成できるため、直接法よりも比較的容易に作成することができます。そのため、一般的には間接法で作成している企業が多いです。

経営分析❶

収益性

利益率、ROE、ROA、
収益性を分析するツールを押さえよう

　いわゆる儲かっている企業とは、どんな企業でしょうか。あなたはどこで判断しますか。売上高や営業利益、経常利益が多い企業と考える方も多いでしょう。しかし、単にそれだけで企業の良し悪しを判断することはできません。たとえば、営業利益1億円に対して、従業員数が1万人の企業と10人の企業であれば、明らかに10人の企業のほうが優れていることがわかりますよね。つまり、売上や利益の額面の大小ではなく、比率で分析しなければ比較できないのです。収益性分析は、主に損益計算書の数値を使います。

「○○利益率」とROE・ROA

　損益計算書を使う場合、主に分析対象となる利益は売上総利益、営業利益、経常利益です。利益を売上高で割れば、**利益率**が算出できます。つまり、損益計算書から導き出せるのは「○○利益率」という指標です。その比率を**他社や業界標準と比較して、その会社の利益率が高いか低いか、その原因は何かを分析**します。たとえば、**売上総利益率**が低ければ、仕入原価が過大もしくは商品力が弱い可能性が考えられます。**営業利益率**が低ければ、販売費及び一般管理費が過大ですので、その中身を精査します。**経常利益率**が低ければ、借入金利が利益を圧迫していないか確認する必要があります。

　貸借対照表を使う分析には **ROE**（Return on Equity：自己資本利益率）と **ROA**（Return on Assets：総資産利益率）があります。ここでいうReturn は当期純利益のこと。ROE、ROA どちらからも、**会社の資産を使ってどれだけの当期純利益を生み出す能力があるか**がわかります。ROE は「リターンが自己資本（Equity）の上に」、ROA は「リターンが総資産（Assets）の上に」乗っていることを意味しています。これは分母分子の関係です。ROE は $\dfrac{当期純利益}{自己資本}$、ROA は $\dfrac{当期純利益}{総資産}$ です。

◎ 収益性分析 ～損益計算書を使う場合

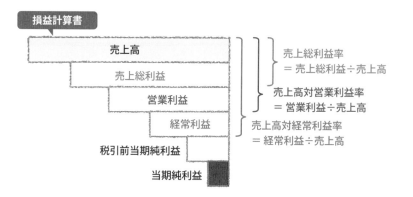

売上高に対する各利益の割合を見る

損益計算書

| 売上高 |
| 売上総利益 |
| 営業利益 |
| 経常利益 |
| 税引前当期純利益 |
| 当期純利益 |

売上総利益率
＝ 売上総利益÷売上高

売上高対営業利益率
＝ 営業利益÷売上高

売上高対経常利益率
＝ 経常利益÷売上高

◎ 収益性分析 ～貸借対照表を使う場合

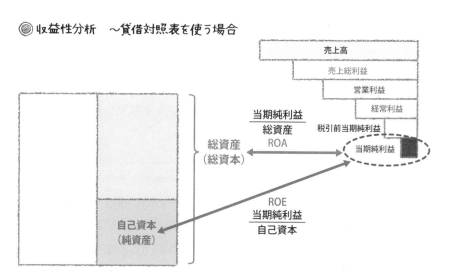

| 売上高 |
| 売上総利益 |
| 営業利益 |
| 経常利益 |
| 税引前当期純利益 |
| 当期純利益 |

総資産
（総資本）

自己資本
（純資産）

当期純利益
総資産
ROA

ROE
当期純利益
自己資本

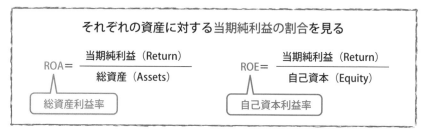

それぞれの資産に対する当期純利益の割合を見る

$$ROA = \frac{当期純利益（Return）}{総資産（Assets）}$$

総資産利益率

$$ROE = \frac{当期純利益（Return）}{自己資本（Equity）}$$

自己資本利益率

05 経営分析❷

効率性

限りある経営資源のよりよい活用のために
効率性を分析する

　企業は売上を上げるために、さまざまな経営資源を活用します。ただし、経営資源には限りがありますので、できるだけ効率性を高める必要があります。効率を見る指標にはいろいろありますが、**設備投資の効率性**を見るものとして**有形固定資産回転率**があります。有形固定資産には、土地、建物、車などがあります。

例　A社：年間売上高が1億円、有形固定資産を5,000万円分所有

　　　1億円÷5,000万円＝2回転　→有形固定資産が2回転、売上に貢献

　　B社：年間売上高が1億円、有形固定資産を2,000万円分所有

　　　1億円÷2,000万円＝5回転　→有形固定資産が5回転、売上に貢献

　つまり、B社の有形固定資産のほうが売上に貢献しており、効率性が高いことになります。回転率は高いほうが効率がよいと判断できる指標です。

「○○回転率」で活躍度がわかる

　有形固定資産回転率のほかにも、効率性を見る指標があります。

❶**棚卸資産回転率（商品回転率）**：倉庫の商品や店頭に陳列してある商品の回転率を見る指標。**数値が高いほど、速いペースで売れている**ことがわかります。売り切れて**機会ロス**（チャンスロス）が生じることがないように、回転率が高い商品は仕入数量や在庫の管理が重要です。

❷**売上債権回転率**：売上債権とは、企業の掛取引において、後日売上金を回収する権利のことです。この回転率が高いほど、効率よく債権を回収できていることになります。逆に低ければ、回収効率が悪く、資金繰りにも悪影響を及ぼします。その結果、経営の安全性を損ねることにもなります。

　売上債権がどれくらいの期間で回収できているかを見る**売上債権回転期間**という指標もあります。**365日÷売上債権回転率**で回収日数が求められます。

◉ 有形固定資産回転率の考え方

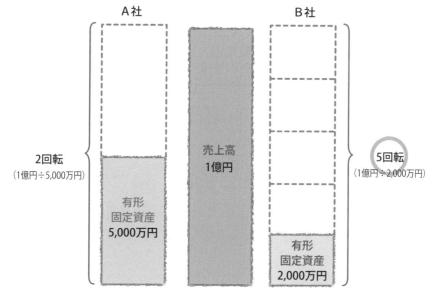

同じ売上高なら
少ない資産のほうが効率がよい

有形固定資産回転率　＝　売上高÷有形固定資産

棚卸資産回転率　＝　売上高÷棚卸資産

売上債権回転率　＝　売上高÷売上債権

このように、
「○○回転率」という指標はすべて、
分子が「売上高」になるのが
特徴です

安全性

安定した企業運営のためには
自社のみならず、取引先の安全性の確認も不可欠

　ビジネスでは掛取引が基本です。つまり、「月末締め・翌月払い」といった支払い条件のように、売上金は取引後に回収されます。もし、取引先企業に支払い能力がなければ、自社の資金繰りが厳しくなります。このように、**取引先の財務状況の安全性は、自社の資金繰りに直結**しています。一方、自社の安全性が低いと金融機関から融資されにくくなります。金融機関にとってはきちんと返済されるかが重要なので、企業の安全性を重視しています。

貸借対照表の分析

❶流動比率・当座比率：どちらも、**短期安全性を見る指標**です。1年以内に返済しなければならない借入金（短期借入金）などの流動負債に対して、どれくらい現金などの流動資産や当座資産があるかを見ます。流動比率や当座比率は業種によって平均が異なりますが、100%以上が理想です。

❷固定比率・固定長期適合率：どちらも、**長期安全性を見る指標**です。土地や建物などの固定資産を購入するには多額のお金が必要です。そのお金をどのように調達したのかを見ます。固定比率は固定資産と自己資本（純資産）を比較し、100%以下なら返済義務のない自己資本で賄えているのでかなり安全と判断できます。現実には100%を超えている企業がほとんどです。

　固定長期適合率は固定資産と、自己資本＋固定負債を比較したものです。固定負債は、長期借入金などのすぐに返済しなくてもよい借金のことです。自己資本で足りない部分を長期の借金で賄えているかどうかを見ます。100%以下であれば、安全だと判断できます。

❸自己資本比率・負債比率：**資金調達の構造を分析する指標**。負債は返済しなければなりませんが、自己資本は返済義務がありません。業種によって異なりますが、自己資本比率は平均30%程度といわれています。

◎ 安全性指標

❶流動比率・当座比率
⇒高いほうが短期支払い能力が高い

流動資産	流動負債
	固定負債
固定資産	自己資本

流動資産または当座資産	流動負債

資産のほうが大きければ安全

資産 ＞ 負債 ⇒ 安全

当座資産とは、流動資産の中でも現金・預金、売掛金、受取手形など、特に現金化しやすい資産のことです

1年以内に返済すべき流動負債と現金化しやすい流動資産・当座資産を比較
流動比率 ＝流動資産 ÷ 流動負債
当座比率 ＝当座資産 ÷ 流動負債

❷固定比率・固定長期適合率
⇒低いほうが長期支払い能力が高い

流動資産	流動負債
	固定負債
固定資産	自己資本

固定比率

固定資産	自己資本

固定長期適合率

固定資産	固定負債
	自己資本

固定比率　　　　＝固定資産 ÷ 自己資本
固定長期適合率＝固定資産 ÷（固定負債＋自己資本）

固定資産 ＜ 自己資本 ⇒ 安全
返済義務のない自己資本で固定資産を賄えているので安全性が高い

固定資産 ＜ 自己資本＋ 固定負債 ⇒ 安全
自己資本と固定負債で固定資産を賄えているので安全性が高い

❸自己資本比率・負債比率

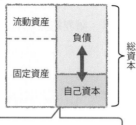

流動資産	負債	総資本
固定資産	自己資本	

自己資本比率は高いほど、資金調達構造が安定しています。一方、負債比率は低いほうが安心ですね

自己資本が資本全体に占める割合
↓
自己資本比率＝自己資本 ÷ 総資本
負債と自己資本のバランス
↓
負債比率　　＝負債 ÷ 自己資本

セグメント別会計

どのビジネスが儲かるのか？
セグメント別に損益計算して見きわめる

　一般に、企業は複数の商品やサービスを取り扱っています。また、複数の支店を出店していることもあります。このような場合、どの製品やサービスが儲かっているのか、どの支店の収益性が高いのか低いのかなど、セグメント別に評価をする必要があります。しかし、単に売上高や利益の額面の大きさだけで比較しては、判断を間違ってしまいます。たとえば、ある小売業者で2つの支店があったとします。A支店は売り場も広く、商品も多数取り揃えているため、売上高が1億円です。一方、B支店は売り場が狭く品揃えも限定的なため、売上高は5,000万円です。単純に売上だけを見るとA支店のほうがよさそうですが、これだけでは正しい判断ができません。

　店舗の運営には家賃や従業員の給与など**売上に関係なくかかる固定費**のほかに、仕入など**売上に伴って増加する変動費**がかかります。売上高からこれらの費用を差し引くことで、**セグメント別に損益計算**を行い、貢献度合いを測ることができます。

限界利益と貢献利益

　セグメント別に業績評価をする手順は、以下のとおりです。

①売上高から変動費を差し引き、限界利益を求める

　限界利益とは、1単位売上が増えたときに得られる利益のことです。焼き鳥を1本50円で仕入れて100円で売った場合、限界利益は50円です。

②限界利益から個別固定費を差し引き、貢献利益を求める

　個別固定費とは文字どおり、個別にかかった固定費のこと。貢献利益は、どれだけ収益に貢献しているかを見ると考えればいいでしょう。上の例で固定費が1本あたり30円かかっていれば、貢献利益は1本20円です。

③貢献利益の合計から共通固定費を差し引いたものが営業利益となる

◎ 2つの支店比較

	A支店	B支店
売上高	10,000万円	5,000万円
変動費	4,500万円	2,000万円
限界利益	5,500万円	3,000万円
個別固定費	2,500万円	1,000万円
貢献利益	3,000万円	2,000万円
売上高対貢献利益率	30%	40%

> 売上高だけ見ると
> A支店のほうが
> よさそうですが…

> 売上高対貢献利益率を
> 見ると、B支店のほう
> が利益率が高いことが
> わかります

◎ 限界利益と貢献利益の関係

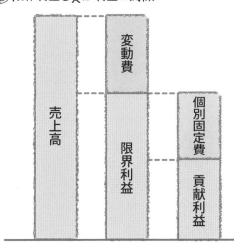

> これで、セグメント別に
> 生み出した利益の
> 構造がわかります

08 損益分岐点分析

いくら売れれば損しないのか？
その分岐点を特定し、確実な利益アップを狙う

　あるラーメン店ではラーメン1杯を500円で販売し、1か月の家賃が5万円、給与が15万円で合計20万円が固定費としてかかっています。また、1杯つくるのに材料費・水道光熱費などで300円が変動費としてかかります。では、1か月に何杯売れば、利益は出ないが損も出ない売上高（**損益分岐点売上高**）になるでしょうか。1杯の粗利益は500円－300円＝200円です。固定費が20万円なので、それを賄うには200,000円÷200円＝1,000杯を売る必要があります。この損益分岐点を超えたところから利益となります。1,500杯売れば、500杯×200円＝100,000円の利益が出ます。

変動費と固定費に分けて考える

　現実には、細かい経費や複数のメニューがあるため、上記のような単純計算ができません。そこで、必要な経費を変動費と固定費に分けて考える必要があります。変動費とは、売上に連動して上昇する経費のことで、材料費や水道光熱費などです。固定費とは、売上に関係なく固定的にかかる経費のことで、家賃や従業員の給与などです。

　損益分岐点を求めるには、まず売上に占める変動費の割合を求めます。これを**変動費率**といい、上の例では300円÷500円＝60％が変動費率です。**損益分岐点というのは、売上高＝変動費＋固定費の状態**です。変動費率を100％から引くと、残りが固定費の割合に該当します。上の例ですと、100％－60％＝40％です。これを**限界利益率**と呼びます。

　限界利益率がわかれば、実際にかかった固定費を限界利益率で割ることで損益分岐点売上高が求められます。上の例では200,000円÷40％＝500,000円。損益分岐点売上高が50万円なので、1杯500円で割れば1,000杯が求められます。損益分岐点を下回らないように予算計画に活用します。

◎ 損益分岐点分析のしくみ

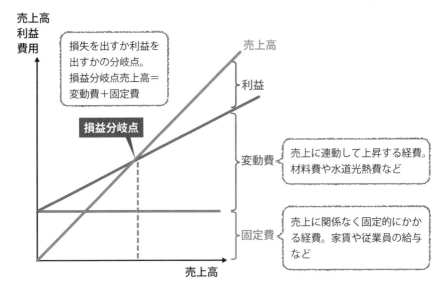

売上高
利益
費用

損失を出すか利益を出すかの分岐点。
損益分岐点売上高＝変動費＋固定費

損益分岐点

売上高

利益

変動費 ← 売上に連動して上昇する経費。材料費や水道光熱費など

固定費 ← 売上に関係なく固定的にかかる経費。家賃や従業員の給与など

売上高

◎ 損益分岐点の求め方

CASE ラーメン店Aは1か月に何杯売れば、損益分岐点に到達するのか？
・ラーメン1杯を500円で売っている
・1か月の総固定費　計20万円
・1杯あたり変動費　300円

STEP 1　変動費率を求める
売上に占める変動費の割合を求める
300円÷500円＝60%

STEP 2　限界利益率を求める
全体（100%）から変動費率を引く
100%－60%＝40%

STEP 3　損益分岐点売上高を求める
実際にかかった固定費を限界利益率で割る
200,000円÷40%＝500,000円

STEP 4　損益分岐点を求める
損益分岐点売上高を1杯あたりの価格で割る
500,000円÷500円＝1,000杯

NPV法

買うべきか？　買わざるべきか？
投資の意思決定を支えるNPV法を理解しよう

　あなたが車を所有しているとします。車検の時期が近づくと、車検に出して乗り続けるか、売却して車を買い換えるか、悩みどころですね。車であれば、乗り心地や愛着度、自分の好みなどで車を購入するかどうかを決められますが、企業の設備投資の場合はそう簡単にはいきません。既存設備と新規設備を比較して、どちらが財務的に有利かを計算する必要があります。

将来の価値を現在の価値に修正する NPV 法

　金利が10％で、現在10,000円もらうのと、1年後に10,500円もらうのはどちらがお得でしょうか。現在10,000円もらって金利10％で運用すれば1年後には11,000円になるため、そちらがお得です。1年後の10,500円は、現在の価値に直すと金利10％分割り引かなければなりません。10,500÷1.1≒9,545円になります。これが**正味現在価値**の考え方です。

　企業の設備投資の場合は、**新規設備が耐用年数の間にどれだけ収益を生み出すかを予測し、現在の価値に割り引く**必要があります。**現在価値と投資額を比較して、黒字であれば投資する価値がある**と判断できます。この判断方法を **NPV 法**（Net Present Value Method：**正味現在価値法**）といいます。

　既存の設備があって、それと新しい設備を取替投資する場合はさらに複雑です。既存設備をそのまま使い続けた場合に得られるはずの収益や節税効果、売却した場合のキャッシュなどを合算して現在価値に直します。それと、新設備で得られる収益の現在価値を差し引きしたうえで、初期投資と比較して投資の意思決定を行わなければなりません。

　企業の取替投資は車の乗り換えと同じしくみですが、燃費が得とか格好いいといった理由だけでは決められず、**設備投資の経済性計算を通して慎重に意思決定**しなければならないのです。

◎ 正味現在価値の考え方

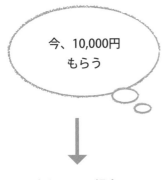

今、10,000円
もらう

どちらがお得
？？？

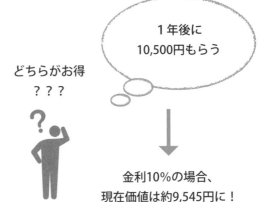

1年後に
10,500円もらう

金利10%の場合、
1年後は11,000円に！

金利10%の場合、
現在価値は約9,545円に！

◎ 正味現在価値法

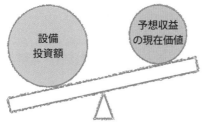

設備
投資額

予想収益
の現在価値

設備
投資額

予想収益
の現在価値

設備投資額＞予想収益の現在価値
投資しない

設備投資額＜予想収益の現在価値
投資する

○

新設備が耐用年数の間に
生み出す収益合計を
現在価値に直して
比較します

設備投資の経済性計算❷

回収期間法

設備投資をするかしないか、
回収期間に着目して判断するための計算方法

　NPV法以外にも、設備投資の経済性についてはさまざまな計算方法があります。一番簡単なのは、**回収期間法**です。たとえば、100万円の投資案件について、得られる収益が1年目に50万円、2年目に40万円、3年目に30万円、4年目に20万円だとします。単純計算で、3年目までの合計金額で50＋40＋30＝120万円ですので、もし投資基準が「3年以内に回収できること」であれば実行、「2年以内」であれば却下です。とても簡単に計算できるため、複数の投資案件があってどれか1つを選ばなければならない場合などに、どの案件が一番早く回収できるかという視点で使われます。

回収期間法のデメリットをカバーする方法

　回収期間法は簡単に計算できますが、NPV法のように**時間価値を考慮していない**ため、**厳密な計算が必要な場合は不適切**です。回収期間が長くなる場合、時間価値を考慮すると収益合計よりも少ない価値しか得られない可能性が高くなります。そこで、時間価値を考慮した**割引回収期間法**という方法があります。上記の例であれば、割引率10%の場合、1年目の収益は$50 \div 1.1 \fallingdotseq 45.45$万円、2年目は$40 \div 1.1^2 \fallingdotseq 33.05$万円、3年目は$30 \div 1.1^3 \fallingdotseq 22.53$万円です。回収期間法の場合、2年目終了時で未回収の10万円を3年目の収益30万円で割ると（$10 \div 30 \fallingdotseq 0.33$）約2.33年で回収することになります。一方、割引回収期間法の場合、2年目終了時の未回収21.5万円を3年目の収益22.53万円で割ると（$21.5 \div 22.53 \fallingdotseq 0.95$）、約2.95年となり、回収期間が長期化します。これだけ時間価値の影響があるわけですね。

　このほかにも、回収期間法はリスクの影響が考慮されていない点や回収後の収益を無視している点など、デメリットが指摘されています。あくまでも簡易的な方法として扱うべきですね。

◎ 回収期間法の考え方

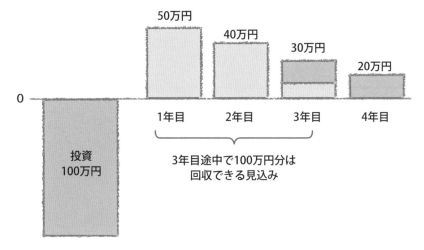

◎ 回収期間法と割引回収期間法

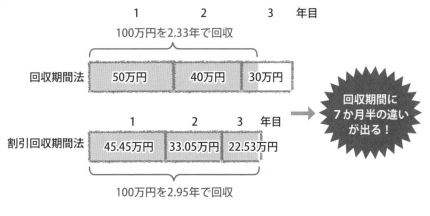

回収期間法は非常に
簡単ですが、
あくまでも簡易な方法
として扱うべきです

11 期待値と標準偏差

期待値と標準偏差の求め方を知り、
リスクとリターンを計算する

　企業の財務戦略では、今後のビジネスモデルや投資計画において想定される**リスクとリターンを計算する**際に**期待値**と**標準偏差**の考え方が重要になってきます。

　たとえば、ある小売業が3つのビジネスを検討している場合を想定してみましょう。それぞれの今後3年間の予想売上高営業利益率と発生確率を推定したデータ（右図）をもとに、期待値（リターン）を求めてみます。期待値は、予想利益率と確率を掛け合わせた合計になります。

　①店舗販売：$1.5\% \times 0.1 + 2.0\% \times 0.8 + 2.5\% \times 0.1 = 2.0\%$

　②ネット販売：$-2.0\% \times 0.3 + 4.0\% \times 0.5 + 8.0\% \times 0.2 = 3.0\%$

　③中古販売：$-10.0\% \times 0.5 + 10.0\% \times 0.3 + 30.0\% \times 0.2 = 4.0\%$

　この場合、③の中古販売が最も利益率の期待値が高く、有望であることになります。

　では、次に標準偏差（リスク）を求めてみます。先に分散を求め、その平方根が標準偏差になります。

① $(1.5 - 2.0)^2 \times 0.1 + (2.0 - 2.0)^2 \times 0.8 + (2.5 - 2.0)^2 \times 0.1 = 0.05$

　$\sqrt{0.05} = 0.223\cdots$

② $(-2.0 - 3.0)^2 \times 0.3 + (4.0 - 3.0)^2 \times 0.5 + (8.0 - 3.0)^2 \times 0.2 = 13$

　$\sqrt{13} = 3.605\cdots$

③ $(-10.0 - 4.0)^2 \times 0.5 + (10.0 - 4.0)^2 \times 0.3 + (30.0 - 4.0)^2 \times 0.2 = 244$

　$\sqrt{244} = 15.620\cdots$

　標準偏差は③が最も大きく、リスクが高いです。期待値が高い代わりにリスクも高い、ハイリスクハイリターン型であることがわかりますね。

　実はこの設例は中小企業診断士の2次試験で出題されたものです。このようにリスクとリターンを算出して、今後の意思決定を行うのです。

◎ 期待値と標準偏差の求め方

	①店舗販売			②ネット販売			③中古販売		
	悪	普	良	悪	普	良	悪	普	良
予想売上高営業利益率	1.5%	2.0%	2.5%	-2.0%	4.0%	8.0%	-10.0%	10.0%	30.0%
発生確率	0.1	0.8	0.1	0.3	0.5	0.2	0.5	0.3	0.2
期待値	2.0%			3.0%			4.0%		
分散	0.05			13			244		
標準偏差	0.223…			3.605…			15.620…		

期待値：予想利益率に発生確率を掛けて、合計する

分散：予想利益率と期待値の差を2乗して、それぞれの発生確率を掛けて合計する

標準偏差：分散の平方根を求める。数字が大きいほどリスクが高い

計算が複雑に見えますが、
落ち着いて1つ1つ
処理していくことが大事です。
計算機が不可欠ですね！

📖✒️ ワンポイント

受験でも必須のテクニック！　計算機の使い方

期待値の計算では、計算機のメモリー機能が大活躍します。上記の店舗販売の期待値を求める際には、1.5×0.1のあとにメモリーキー（大抵の計算機では「M＋」）を押し、続けて2.0×0.8のあとにメモリーキー、続けて2.5×0.1のあとにメモリーキーを押します。この段階で、3つの計算結果がメモリーされていることになります。最後に「RM」（リコールメモリー。メモリー内容の呼び出し）キーを押せば、合計された結果が表示されます。受験対策としても必須のテクニックです。

デシジョンツリー

投資する？　しない？
後悔しない意思決定に役立つビジネスツール

　あなたが外出する前に天気予報を見ると、降水確率が50％でした。あなたは傘を持っていきますか。私なら、基本的に傘は荷物になって嫌なので、持たずに出ます。70％なら、持って出るかもしれません。このように、降水確率によって傘を持っていくか・持っていかないかという意思決定は、人によってさまざまです。

　企業の経営においても、さまざまな意思決定が行われます。降水確率のように、「はずれても濡れればいい」とか「安い傘を買えばいい」などのようにダメージが小さければいいですが、経営の意思決定はそう簡単ではありません。予想される影響や得られる利益など多面的に想定したうえで、企業にとって最適な意思決定を行うために**デシジョンツリー**を使います。

財務的意思決定でのデシジョンツリー

　デシジョンツリーは、財務面では**投資の意思決定**に用いられます。右図のように、意思決定する際に**コントロールできる要因は四角**で描きます。たとえば、「傘を持っていくか」や「投資するか」は自分でコントロールできますね。一方、**コントロールできない要因は円**で描きます。たとえば、「雨が降るか」「景気がよくなるか」は自分ではどうしようもありませんね。

　このように影響するすべての要因を洗い出した後、それぞれの選択肢における行動と、不確実な事象の発生確率、それらのもとでもたらされる将来の利益の発生確率などを予測します。厳密な確率を予測するのは不可能ですが、過去のデータなどがあればそれを参考にしながら設定します。

　それぞれの分岐先の確率と収益を掛け合わせることで期待値を算出し、その期待値が投資額を上回るものであれば投資実行、下回れば投資中止という意思決定をすればよいのです。

◎ デシジョンツリーを使った投資判断の例

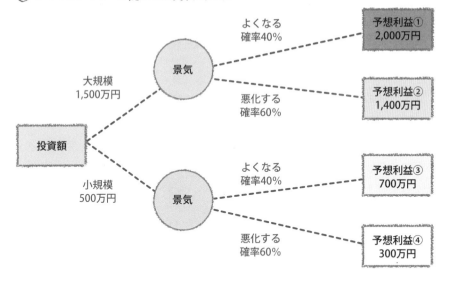

CASE 1

大規模投資・景気がよくなる➡予想利益①

2,000万円×40％＝800万円

CASE 2

大規模投資・景気が悪化する➡予想利益②

1,400万円×60％＝840万円

①と②の合計金額が期待収益

800万円＋840万円＝1,640万円
→初期投資1,500万円より大きい

➡ **投資決定**

CASE 3

小規模投資・景気がよくなる➡予想利益③

700万円×40％＝280万円

CASE 4

小規模投資・景気が悪化する➡予想利益④

300万円×60％＝180万円

③と④の合計金額が期待収益

280万円＋180万円＝460万円
→初期投資500万円より小さい

➡ **投資しない**

財務分析に必要な 2つの視点〜定量情報・定性情報

企業を診断するときには、財務諸表の分析が必要不可欠です。財務諸表とは、「貸借対照表」「損益計算書」「キャッシュフロー計算書」などの数値データを記載した報告書でしたね。それぞれ分析ポイントがあり、多面的に分析を行います。分析用の公式も多数あり、主に収益性、効率性、安全性などを算出することができます。つまり財務諸表の見方がわかって公式に数値代入すれば、誰でも計算することはできます。

しかし、それは単なる計算であって、分析ではありません。「なぜ、その数値になったのか」「収益性を下げている要因は何か」「今後予測されることは何か」など、計算結果をもとに分析が始まります。そこで重要なのが企業の内外環境で何が起こっているのか、数値（定量情報）では表現できない定性情報です。

財務諸表以外から読み取れること（定性情報）

定性情報とは、たとえば従業員のモチベーションや人間関係、顧客関係性、実施しているマーケティング戦略、バリューチェーン、生産工程や販売手法など、企業の内外環境に存在する無数の要因のことです。

もちろん、これらをすべてチェックするわけではありません。財務諸表のデータから仮説を立て、検証を繰り返して改善ポイントや手法を探る地道な作業が必要です。

このように、定量情報だけでも定性情報だけでもダメで、車の両輪のようにこの2つの視点から分析することが重要なのです。

経営コンサルタントというと、一見華やかな印象かもしれませんが、企業と向き合い、定量情報・定性情報の間を行ったり来たりしながら解決策を導き出していくという点では、結構地道で泥くさいことも多いのが実情だったりします。

音声ダウンロードについて

　読者特典として、聞き流し学習ができる音声ファイルをダウンロードできます。本書の主な解説文を音声で聞くことができます。書籍と併せてご活用ください。

　音声ファイルは以下からダウンロードして聞くことができます。

---

https://kdq.jp/3a4w8
（右の QR コードからもアクセスできます）
ユーザー名　　chushokigyo-gokaku
パスワード　　shindanshi#6066787

　上記 URL にアクセス後、「音声ダウンロードについて」のリンクをクリックし、zip ファイルをダウンロードしてください。

【注意事項】

- PC ／スマートフォン対象（一部の機種ではご利用いただけない場合があります）。
- 音声ファイルは MP3 形式です。
- ダウンロードに際し発生する通信料はお客様の負担となります。
- 端末や OS によっては、再生のため別途アプリが必要となる場合があります。なお、必要なアプリのインストールや詳細なダウンロード手順については、ご利用環境によって異なるため個別にご案内できません。
- 第三者や SNS などネット上での公開・配布は固くお断りいたします。
- システム等の都合により、**予告なくサービスを終了する場合があります。**

金城　順之介（きんじょう　じゅんのすけ）
中小企業診断士・１級販売士。
大手サービス業で店舗責任者として長年営業に携わり、営業戦略立案・販売促進・顧客管理、サービスマーケティングから人材教育・管理まで、幅広い経験を積む。
中小企業診断士資格の取得後、独立。主に販路開拓や売上アップのためのマーケティングコンサルタントとして活動する傍ら、組織変革のための経営コンサルティングや階層別研修、各種企業研修、LEC東京リーガルマインド専任講師として15年以上の講師キャリアを持つ。
受講生を巻き込みながら展開される熱くわかりやすい講義は、強烈な印象を残すとともに、エース講師としての信頼も絶大である。

改訂版　ゼロからスタート!
金城順之介の中小企業診断士1冊目の教科書

2024年１月４日　初版発行

著者／金城 順之介
監修／LEC東京リーガルマインド
発行者／山下 直久
発行／株式会社KADOKAWA
〒102-8177　東京都千代田区富士見2-13-3
電話　0570-002-301(ナビダイヤル)

印刷所／株式会社加藤文明社印刷所
製本所／株式会社加藤文明社印刷所

ISBN 978-4-04-606678-7　C3030